O Poder da Inteligência Verbal

O Poder da **Inteligência Verbal**

10 Maneiras de Ativar o seu Gênio Verbal

Tony Buzan

Tradução
CARLOS A. L. SALUM
ANA LUCIA DA ROCHA FRANCO

EDITORA CULTRIX
São Paulo

Título original: *The Power of Verbal Intelligence.*

Publicado originalmente em inglês pela HarperCollins Publishers, Ltd.

Dados Internacionais de Catalogação na Publicação (CIP)
(Câmara Brasileira do Livro, SP, Brasil)

Buzan, Tony
O poder da inteligência verbal : 10 maneiras de ativar o seu gênio verbal / Tony Buzan ; tradução Carlos A. L. Salum, Ana Lucia da Rocha Franco. — São Paulo : Cultrix, 2006.

Título original: The power of verbal intelligence.
ISBN 978-85-316-0956-5

1. Auto-ajuda — Técnicas 2. Habilidade oral 3. Leitura dinâmica 4. Mnemônica I. Título.

06-6729 CDD-153.14

Índices para catálogo sistemático:
1. Inteligência verbal : Psicologia 153.14

O primeiro número à esquerda indica a edição, ou reedição, desta obra. A primeira dezena à direita indica o ano em que esta edição, ou reedição, foi publicada.

Edição	Ano
1-2-3-4-5-6-7-8-9-10-11	07-08-09-10-11-12-13-14

Direitos de tradução para o Brasil adquiridos com exclusividade pela
EDITORA PENSAMENTO-CULTRIX LTDA.
Rua Dr. Mário Vicente, 368 — 04270-000 — São Paulo, SP
Fone: 6166-9000 — Fax: 6166-9008 — E-mail: pensamento@cultrix.com.br
http://www.pensamento-cultrix.com.br
que se reserva a propriedade literária desta tradução.

dedicatória

O Poder da Inteligência Verbal é dedicado à minha querida mãe, Jean Buzan, que me guiou ao amor às palavras e a uma profunda compreensão da beleza e do poder que elas têm; à 'Mestra em Mapeamento Mental' e maravilhosa amiga Vanda North, por seu empenho em comunicar a mensagem do Mapeamento Mental; ao Dr. Wilfred Funk, que, com seus livros dedicados ao desenvolvimento do poder verbal e sua coluna na *Reader's Digest,* inspirou-me a desenvolver a minha Inteligência Verbal.

sumário

lista dos Mapas Mentais®

agradecimentos

Minha renovada gratidão à equipe responsável por levar meu livro *Head First* ao primeiro lugar da lista dos mais vendidos, e que repetiu o feito com *O Poder da Inteligência Verbal*! À minha editora-chefe, Carole Tonkinson; à minha editora, Charlotte Ridings; ao meu ilustrador, Alan Burton; ao meu *designer*, Jacqui Caulton; a Stephen Bray; Paul Redhead; Toby Watson; Tim Byrne; Yvette Cowles; Jo Lal e Megan Slyfield. Obrigado mais uma vez por estarem 'nos ombros de gigantes' — os seus próprios!

Obrigado também à minha equipe pessoal, especialmente à minha gerente de publicações, Caroline Shott; à editora Vanda North; à minha assistente pessoal e querida amiga, Lesley Bias; e à minha querida mãe, Jean Buzan, a melhor revisora de provas que já conheci!

primeiras palavras!

tem início a sua viagem ao poder verbal

capítulo um

‘ “A pena tem mais poder do que a espada” só quando o cérebro que há por trás dela sabe manejar as palavras!’

Tony Buzan

o que é ‘inteligência verbal’?

Inteligência Verbal é a capacidade de ‘fazer malabarismos’ com as letras do alfabeto: de combiná-las em palavras e frases. O Q.I. Verbal tende a ser medido pelo tamanho e pelo alcance do vocabulário, e pela capacidade de enxergar as relações entre as palavras.

por que a inteligência verbal é importante?

No início do século XX, os psicólogos observaram uma correlação direta entre a força e o tamanho do vocabulário e o sucesso na vida. Em outras palavras, quanto maior e melhor for o seu vocabulário e a sua Inteligência Verbal, mais bem-sucedido e confiante você será na vida — no trabalho, na vida pessoal e social e nos estudos.

As palavras têm um tremendo poder. Quem domina a força das palavras dá a si mesmo o poder de persuadir, inspirar, encantar e influenciar de todas as maneiras o cérebro humano. Não é surpresa, então, que as palavras e seu poder tenham se tornado um dos valores mais importantes na ‘Revolução do Conhecimento’ do século XXI.

como o poder da inteligência verbal vai me ajudar?

A boa notícia é que é *fácil* melhorar e expandir a habilidade verbal, aumentando incomensuravelmente o Q.I. Verbal. É isso que este livro vai lhe ensinar. Barry McGuigan, que você vai conhecer no Capítulo 7, se propôs a aumentar seu Q.I. Verbal quando se tornou comentarista de TV depois de encerrar a carreira nos ringues de boxe. Desde então, tornou-se mentalmente tão competente quanto o era fisicamente como lutador.

O Poder da Inteligência Verbal pretende levá-lo a uma das viagens mais emocionantes da sua vida. É uma viagem em que você vai:

- descobrir e explorar novos mundos
- deliciar sua imaginação com novos conceitos e idéias
- conhecer melhor seu cérebro incrível e aprender a usá-lo
- conhecer os elementos básicos do poder das palavras, permitindo-se, desse modo, expandir seu atual vocabulário com milhares de palavras
- aprender a usar o corpo para se comunicar com mais eficácia
- redescobrir a alegria de brincar com as palavras e seus significados
- aprender segredos básicos que permitem ler mais depressa e compreender mais
- aprender a encantar e arrebatar os outros com o poder e a beleza do seu discurso.

Muito mais importante é saber que *O Poder da Inteligência Verbal* foi planejado de maneira a permitir que você se divirta enquanto aumenta seu Poder Verbal.

o poder da inteligência verbal — visão geral

O Poder da Inteligência Verbal é dividido em 10 capítulos que vão conduzi-lo a novas áreas para melhorar e expandir sua capacidade verbal.

Neste primeiro capítulo, eu lhe apresento a estrutura geral do livro para que você tenha um 'mapa' claro do incitante território que está prestes a explorar.

Você vai conhecer a história do desenvolvimento do Q.I. e vai descobrir por que tantas pessoas *acham* que são muito menos inteligentes do que realmente são. O resto deste capítulo será dedicado a seu primeiro Treino Verbal, que lhe dará a oportunidade de conhecer novas palavras e jogos, receber os primeiros estímulos à sua Inteligência Verbal e, espero, divertir-se também!

Capítulo 2: Jogo de Palavras para Crianças — A Prova de que Você é por Natureza um Gênio Verbal

No Capítulo 2, vou apresentá-lo a um mestre da Inteligência Verbal — um gênio consumado nessa área que vai lhe mostrar, por exemplo, fórmulas secretas para melhorar seus recursos verbais em todos os níveis.

Quem é esse modelo de Inteligência Verbal?

O bebê! Vou apresentá-lo às ferramentas especiais que o bebê usa para dominar qualquer língua e todas as situações verbais. O bebê aprende milhares de palavras novas e centenas de novos recursos verbais a cada ano.

Usando a mesma abordagem, você pode fazer a mesma coisa.

E, pensando bem, você já foi bebê.

Você já fez isso uma vez!

Com um pouco de ajuda, pode fazer de novo!

Capítulo 3: Poder Verbal I — Raízes: Como Melhorar o Vocabulário, a Criatividade, a Memória e o Q.I.!

As palavras, como todas as outras estruturas, são feitas de partes básicas. Conhecendo essas partes, fica mais fácil construir o todo. Por exemplo: saber que apenas 26 letras formam todas as palavras da língua inglesa faz com que soletrar e reconhecer as palavras seja muito mais fácil do que se houvesse milhares de letras diferentes a conhecer!

É o que acontece também com as partes das palavras — suas 'Raízes', 'Prefixos' e 'Sufixos'.

Neste capítulo, vou lhe apresentar a 25 raízes básicas.

Como há apenas 25 para aprender e lembrar, a tarefa será muito fácil. Será também *imensamente* gratificante, pois cada Raiz é como uma chave mágica, que abrirá o significado de centenas de palavras novas.

De posse dessas chaves, você estará a meio caminho do domínio do idioma.

Capítulo 4: Poder Verbal II — Prefixos e Sufixos

O Capítulo 4 é muito semelhante ao Capítulo 3, concentrando-se em elementos básicos comuns às palavras, os começos e os fins:

Prefixos e Sufixos.

Usando a mesma abordagem que usou no caso das Raízes, você vai multiplicar muitas vezes o número de palavras sob o seu comando.

Capítulo 5: Cérebro e Palavra — Use o Poder do Cérebro para Desenvolver o Poder Verbal

Como o desenvolvimento da Inteligência Verbal se relaciona aos seguintes aspectos vitalmente importantes do cérebro e do seu funcionamento:

- A memória enquanto assimila informações?
- A memória depois de ter assimilado informações?
- Lados direito e esquerdo do cérebro?
- Técnicas de estudo?
- Mapas Mentais?
- O significado multiordenado das palavras?

Leia este capítulo e descubra!

Capítulo 6: Linguagem Corporal — Linguagem Corporal e como Melhorá-la

A Inteligência Verbal tem um grande ajudante — um 'auxiliar silencioso' — com poderes fenomenais para aumentar o poder já fenomenal das palavras.

O corpo!

Neste capítulo vou lhe mostrar o grande papel que o corpo pode desempenhar na Inteligência Verbal. Você vai descobrir como o modo de pensar afeta o corpo e o uso da linguagem por meio dele.

Vou apresentá-lo também a um instrumento musical mágico — a voz — e ensiná-lo a 'tocar' esse instrumento de maneira a aumentar sua Inteligência Verbal, assim como sua confiança e popularidade.

Capítulo 7: Apresente-se — Como se Tornar um Orador de Sucesso

Nós, seres humanos, temos muito medo de que achem nossa conversa chata ou que nos considerem oradores insossos. Um dos nossos maiores sonhos é o oposto: que achem nossa conversa fascinante e espirituosa e que nos considerem oradores magnetizantes.

Felizmente, o medo é infundado e o sonho possível. Neste capítulo, vou lhe mostrar como falar e se expressar com confiança e de maneira a se tornar mais respeitado e popular.

Capítulo 8: Leia! Como Melhorar a Velocidade, a Compreensão e a Memorização

Um dos melhores indicadores de um alto Q.I. Verbal é a capacidade de ler uma ampla gama de assuntos numa velocidade maior do que a média e com maior compreensão de tudo.

Há maneiras simples de atingir esse nível de desempenho.

Neste capítulo, vou apresentá-lo a elas, mostrando-lhe como captar rapidamente o sentido geral do que está lendo, ensinando-lhe técnicas fáceis para aumentar a velocidade da leitura e pondo-o num caminho em que aprenderá sem parar e desenvolverá sua Inteligência Verbal.

Neste capítulo, você vai descobrir também os segredos do 'Olho Mágico'.

Capítulo 9: Poder de Comunicação — Use a Inteligência Verbal para Ganhar Controle sobre a Vida

A capacidade de se comunicar com clareza e eficácia por meio das palavras é um dos principais sinais de Inteligência Verbal e uma das maiores garantias de sucesso por toda a vida.

No Capítulo 9, você vai saber como se tornar um mestre da comunicação. Vai aprender a se conectar aos outros e a compreendê-los, a usar um Mapa Mental® como ferramenta para se comunicar por telefone, carta, etc., e a dar informações que as pessoas entendam e consigam usar com sucesso. Vai descobrir também alguns dos segredos da comunicação dos animais.

Neste capítulo, eu lhe mostrarei também como se avaliar para ser, assim, seu próprio 'Doutor Verbal', garantindo uma longa e saudável vida verbal!

Capítulo 10: Últimas Palavras — Use a Inteligência Verbal para Desenvolver suas Outras Múltiplas Inteligências

Quando chegar a este capítulo, você terá uma Inteligência Verbal consideravelmente mais eficaz do que no início da leitura do livro, e terá as ferramentas para fazê-la continuar a crescer.

Em 'Últimas Palavras', vou lhe mostrar como fazer com que o poder de sua recém-potencializada Inteligência Verbal fortaleça sua inteligência geral.

Como você vai ver, temos 10 inteligências, das quais a Inteligência Verbal é apenas uma. Cada uma dessas inteligências fortalece e apóia as outras. Esse Efeito Multiplicador significa que sua inteligência e sua eficácia, para não mencionar o sucesso que você terá, *podem se multiplicar centenas de vezes*!

■ ■ ■

Destaques

Para ajudá-lo em tudo isso, cada capítulo contém um Treino Verbal para que você exercite e fortaleça os músculos verbais. Esses treinos têm a forma de exercícios e jogos destinados a ampliar e estimular seu Poder Verbal. Em cada treino há jogos verbais para que você trabalhe músculos mentais específicos.

- Quebra-cabeças — metade desses jogos consiste em quatro palavras fragmentadas e embaralhadas para você desembaralhar, transformando-as em palavras com sentido. Letras escolhidas das palavras-resposta, depois de desembaralhadas também, formarão outra resposta, de uma ou duas palavras, que foi sugerida por uma pista que você recebeu. O resto dos quebra-cabeças são do tipo usado em testes de Q.I. Dê, a si mesmo, um máximo de cinco minutos para cada um. As respostas estão nas páginas 186-190. Se, de dez, você acertar mais de cinco, é porque está indo muito bem!

- Dicas de Inteligência Verbal — depois de cada quebra-cabeça, eu lhe darei uma dica de como ajudar o cérebro a resolver com mais facilidade e eficácia esses jogos verbais. Juntas, essas dicas especiais formarão um Kit de Inteligência Verbal que futuramente o ajudará na solução de quebra-cabeças semelhantes, assim como no contexto mais amplo de um teste de Q.I. ou de raciocínio.
- Estimuladores do Poder Verbal — no final de cada Treino Verbal, você será apresentado a 10 novas palavras, que acrescentarão profundidade e riqueza ao seu atual vocabulário. Quando chegar ao fim deste livro, você terá acumulado 100 dessas Palavras de Poder!

Além de ser divertidos e agradáveis, esses jogos são ferramentas extremamente importantes para o desenvolvimento da Inteligência Verbal. São 'jogos' como esses que constituem uma parte significativa dos testes de Q.I. Aumente sua capacidade com a 'prática' desses jogos e você elevará seu Q.I.

Ao longo do livro, há também citações pertinentes, estudos de caso que lhe darão uma idéia do funcionamento do cérebro, e exemplos de uma maravilhosa ferramenta otimizadora do pensamento que inventei especialmente com o propósito de aumentar minha própria memória e inteligência — o Mapa Mental®.

uma breve história dos testes de Q.I.

No início do século XX, como já foi mencionado, psicólogos observaram que há uma *correlação entre a extensão do vocabulário de uma pessoa e seu sucesso na vida.* Com isso, surgiu naturalmente o desejo de definir a força mental das pessoas e nasceram assim os primeiros testes de inteligência.

Esses testes mediam a extensão do vocabulário, o raciocínio lógico e a capacidade de perceber relações entre palavras e entre números. Foi calculada uma pontuação média para cada faixa etária. Assim, 100 pontos era a média de cada idade: quem fazia de 90 a 100 pontos estava ligeiramente abaixo da média e quem fazia de 100 a 110 estava ligeiramente acima da média. Já 120 a 130 pontos correspondiam a uma inteligência superior e 140 ou mais conferiam à pessoa o *status* de gênio.

Esses testes ficaram conhecidos como Testes de Quociente de Inteligência, ou Testes de Q.I. Mas eles tinham dois problemas. Em primeiro lugar, pressupunha-se que o Q.I. não mudava nunca. Isso, sabemos agora, não é verdade: você pode melhorar significativamente o nível do seu Q.I.

Em segundo lugar, pressupunha-se que aquilo que os testes mediam *era* a inteligência — e que ela não passava disso.

Por causa dessas teorias, os sistemas educacionais do mundo inteiro se tornaram predominantemente verbais e matemáticos. Além disso, ser inteligente ou esperto significava, em geral, 'ter jeito com as palavras'!

No entanto, estamos começando a entender que a Inteligência Verbal é apenas uma entre as 10 inteligências diferentes: Criativa, Social, Espacial, Numérica, Espiritual, Pessoal, Sensorial, Sexual e Física. Além disso, sabe-se agora que cada uma dessas inteligências se beneficia com o desenvolvimento das outras. Assim, ao desenvolver ainda mais sua Inteligência Verbal, você estará trabalhando ao mesmo tempo nas outras nove!

Está na hora do seu primeiro Treino Verbal!

treino verbal

Quebra-cabeça Número 1

Bem-vindo ao primeiro Quebra-cabeça de Inteligência Verbal. Você receberá quatro palavras embaralhadas. Sua primeira tarefa de Inteligência Verbal é rearranjar as letras de modo que elas formem uma palavra com sentido. Quando descobrir qual é a palavra, escreva-a no espaço reservado para ela. Feito isso, você vai ver que, em cada palavra, há de uma a quatro letras destacadas. Essas letras o levam ao estágio seguinte do quebra-cabeça. Embaixo das quatro palavras que desembaralhou, você encontrará uma pista e um certo número de espaços em branco. A pista o conduzirá a uma resposta de uma ou duas palavras, que você descobrirá dispondo as letras 'escolhidas' da primeira fase do jogo (substituídas pelo X nos pontilhados abaixo) de maneira a formar uma ou duas palavras que estejam de acordo com a pista.

Esse é o primeiro de muitos jogos. Em cada capítulo, você encontrará um jogo semelhante, jogado da mesma maneira. As respostas de todos os jogos estão na seção de respostas, nas páginas 186-190.

1. agamoloni X X _ _ X _ _ _ X
2. marapli X X _ _ X _ X
3. rosoteu _ _ X _ _ _ _
4. belaram _ _ X _ _ X _

Pista: com uma bola — ou mais! _ _ _ _ _ _ _ _ _ _ _

Dica de Inteligência Verbal

- Para resolver essas questões de Inteligência Verbal, *examine antes a questão inteira.*

Por quê?

Primeiro, porque esse exame apresenta ao seu cérebro o 'contexto todo', o que significa que ele consegue enxergar o território inteiro e, assim, sentir-se no comando. Em segundo lugar, examinando todos os quebra-cabeças/questões, você os guardará 'no' cérebro. Com isso, enquanto o cérebro *consciente* trabalha num dos quebra-cabeças/questões, o cérebro *paraconsciente* (aqueles 99 por cento do cérebro que trabalham sem seu controle consciente) estará trabalhando nas questões restantes. Com isso, fica muito mais fácil encontrar as respostas corretas das questões seguintes quando sua atenção consciente focalizá-las. No idioma psicológico, você está permitindo que o cérebro *incube* as idéias (sente-se sobre elas, como um pássaro, com o propósito de chocá-las).

Na vida diária, você vai perceber que as palavras que não consegue 'achar' no momento em que precisa delas, muitas vezes acabam 'aparecendo' depois de o cérebro 'chocá-las' durante o sono. Aqui, você usa esse processo natural para aumentar a Inteligência Verbal.

Quebra-cabeça Número 2

Há uma palavra de três letras entre os parênteses. Acrescentando essa palavra às letras das sete palavras listadas a seguir, você terá sete palavras diferentes. Qual é a palavra entre parênteses?

M
BR
PALH
CALHAM (_ _ _)
INCH
ESTILH
ESFREG
L
ABR
TERR

Você é Verbalmente Inteligente? Quanto?

Agora que já está ficando familiarizado com seu Q.I. Verbal, você se acha verbalmente inteligente? E, o que é mais importante, qual o nível de Inteligência Verbal que você quer ter?

Numa escala de 1 a 10, em que o 1 corresponde a uma pessoa desarticulada sem nenhuma Inteligência Verbal e 10 a uma pessoa eloqüente, espirituosa e com uma elevada Inteligência Verbal, como você classificaria a sua Inteligência Verbal *neste momento*?

Agora repita o mesmo exercício indicando, na escala de 1 a 10, o grau de Inteligência Verbal que você gostaria de ter *ao terminar este livro*.

Quando tiver terminado estas duas tarefas, comece a trabalhar para converter o ideal em realidade.

Comece a Fazer Palavras Cruzadas

Palavras cruzadas, anagramas e outros jogos, como caça-palavras e decifração de códigos, são maneiras fantásticas de estimular e aumentar sua Inteligência Verbal. Mais e mais revistas de palavras cruzadas e quebra-cabeças são publicadas todos os meses, dando-lhe uma grande oportunidade de experimentar vários jogos diferentes.

Verifique o Nível do seu Vocabulário Profissional

Cada profissão tem as próprias expressões e o próprio vocabulário especializado. Lembre-se de que a Inteligência Verbal tem uma correlação direta com o sucesso no trabalho. As pessoas mais bem-sucedidas nas áreas que escolheram têm um vocabulário que se classifica nos 10 por cento superiores de cada área.

Comece a fazer uma lista de palavras específicas da sua profissão, procurando se aproximar cada vez mais desses 10 por cento!

Um modo de se predispor para essa nova conquista de vocabulário é fazer de conta que você já faz parte desses 10 por cento. Represente o papel, usando o tipo de vocabulário que é usado por pessoas bem-sucedidas em sua área. Se persistir, logo não precisará mais representar esse papel — você vai vivê-lo!

Estabeleça Metas de Vocabulário para Outras Áreas da sua Vida

Escolha duas ou três áreas da vida, como *hobbies*, atividades sociais, interesses dos seus filhos, etc., e estabeleça metas semelhantes às que estabeleceu para sua profissão. Com isso, você estará seguindo o exemplo de um bom fisioculturista, que treina todos os músculos e não apenas um. Assim, desenvolverá um corpo bem equilibrado de recursos verbais.

Fique Atento a Novas Palavras

Fique atento a palavras novas e pouco comuns no seu dia-a-dia, na TV ou no rádio, nas lojas ou nas reuniões de trabalho. Esse novo foco de atenção não vai apenas melhorar seu vocabulário, mas vai fazer de você um ouvinte melhor, o que vai aumentar sua popularidade e seu sucesso junto às outras pessoas. Tenha sempre com você um bloco de anotações ou alguma outra coisa que lhe permita anotar novas palavras que lhe despertem o interesse pelo significado especial ou pela beleza. A intervalos regulares, no final do dia ou da semana, passe essas palavras novas para uma lista. Quando se deparar com elas, procure usá-las em frases ao menos umas cinco vezes num só dia — isso vai ajudá-lo a gravá-las.

Procure Palavras Novas

Faça com os olhos a mesma coisa que fez com os ouvidos, procurando palavras novas e interessantes em jornais, revistas e livros. Transfira-as para a sua lista. Ao fazer esses exercícios de ouvir ou procurar, fique atento a palavras que tenham a ver com os seus sentidos: visão, audição, olfato, paladar, tato e movimento. Com isso, você vai aumentar o alcance do seu vocabulário, tornando-se um comunicador melhor e mais confiante.

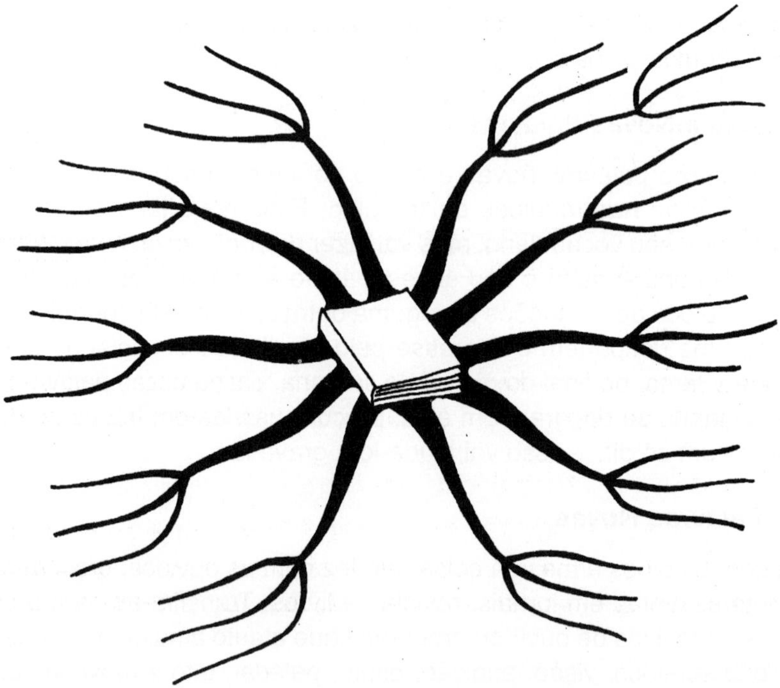

Faça um Mapa Mental

Construa um míni Mapa Mental® com todas as vantagens proporcionadas por um vocabulário melhor e uma maior Inteligência Verbal. No centro da página 24, há uma pequena figura que representa a Inteligência Verbal. Partindo dela há 10 ramificações principais e, de cada uma delas, partem três sub-ramificações. Copie o Mapa Mental® numa folha grande de papel. Nas ramificações principais, escreva com clareza as 10 primeiras idéias-chave que lhe vierem à mente quando pensar nos benefícios que uma Inteligência Verbal maior exerceria sobre sua vida e suas chances de sucesso. Quando tiver completado as primeiras 10 idéias, pense em mais três idéias que partam de cada uma das 10 idéias principais e escreva-as também nas suas devidas linhas. Quando terminar o exercício, ponha o Mapa Mental® num lugar visível: assim, você terá sempre presente o valor da Inteligência Verbal na sua vida.

Invista num Bom Dicionário

Não deixe de ter um bom dicionário. Um bom dicionário é o melhor guia e o melhor suporte para qualquer um que deseje melhorar a Inteligência Verbal.

Estimulador do Poder Verbal Número 1

Como este é seu primeiro Estimulador do Poder Verbal, ele é *intro*dutório! Sob cada palavra, há quatro definições diferentes. Escolha a que você achar mais próxima do sentido correto. (As respostas estão nas páginas 190-191.)

1 INTRODUZIR
- (a) Fazer outra vez; insistir
- (b) Interferir numa conversa
- (c) Fazer entrar; pôr para dentro
- (d) Fazer igual aos outros

2 INTROFLEXÃO
(a) Curvatura para fora
(b) Curvatura para dentro
(c) Construção de massa muscular
(d) Pedido de perdão

3 INTROMETEDIÇO
(a) Que se mete onde não deve; abelhudo
(b) Que se preocupa demais com detalhes
(c) Um método de preparar comida
(d) Capaz de perceber o interior das coisas

4 INTROGRESSÃO
(a) Ato de entrar
(b) Recuar
(c) Pensar sobre as coisas
(d) Tornar-se agressivo

5 INTROJETAR
(a) Injetar substância tóxica
(b) Questionar em silêncio
(c) Descartar; expulsar
(d) Incorporar valores de outrem

6 INTROMETER
(a) Pôr as mãos
(b) Fazer intervalo
(c) Inserir; intercalar
(d) Atravessar pelo meio

7 INTROSPECÇÃO
(a) Observação da vida interior pela própria pessoa
(b) Exame de possibilidades
(c) Ato de sair em busca de indícios
(d) Introdução de uma prova

8 INTROMETER-SE
(a) Introduzir uma agulha no próprio corpo
(b) Tomar parte; imiscuir-se
(c) Iniciar um projeto com a cara e a coragem
(d) Dialogar consigo mesmo

9 INTROVERTIDO
(a) Alguém que se volta para dentro
(b) Uma coisa de cabeça para baixo
(c) Que está vestido de verde
(d) Posição vertical; boa postura

10 INTRUSÃO
(a) Ação de entrar onde não se tem direito
(b) Pressão de dentro para fora
(c) Capacidade de perceber
(d) Procedimento médico-cirúrgico

jogo de palavras para crianças —

a prova de que você é por natureza um gênio verbal

capítulo dois

‘A linguagem é o dom imediato de Deus.’

Noah Webster

Neste capítulo, vou apresentá-lo a quem tem a maior capacidade do mundo para aprender qualquer língua — o mestre da Inteligência Verbal, o bebê humano!

Vou lhe mostrar as fórmulas ‘secretas’ que os bebês usam com resultados espantosos. Com isso, você passará a fazer várias coisas com uma nova atitude: ‘tapear’/copiar; brincar como ferramentas de aprendizado; errar e ‘fracassar’; acertar a partir do ‘desastre’; aprender com vontade; recorrer ao ‘poder de gênio’ da Persistência.

Você vai se dar conta de que, quando era bebê, usava todas as ferramentas certas para desenvolver a Inteligência Verbal. No decorrer da vida, você as descartou e, com isso, o desenvolvimento de sua Inteligência Verbal deu uma freada.

No entanto, tudo o que você tem a fazer agora é pegar de novo essas ferramentas e dar seguimento ao seu crescimento verbal. Desta vez, você não terá apenas as ferramentas que usava para aprender e memorizar milhares de palavras — terá também as ferramentas deste livro, *O Poder da Inteligência Verbal,* que vão lhe permitir usar as ‘habilidades de bebê’ como trampolim para um desenvolvimento acelerado!

Você vai acabar tendo uma capacidade ainda maior do que a do bebê para aprender novas palavras.

Vamos começar com a história fascinante de um músico japonês, Suzuki, que fez descobertas incríveis a respeito do nosso incrível potencial de Inteligência Verbal.

Se você, caro leitor, tivesse nascido e vivido os primeiros anos de sua vida num país totalmente diferente daquele que é o seu país agora, o seu cérebro de bebê teria absorvido essa outra língua com a mesma fluência e rapidez com que absorveu sua atual língua-mãe.

A História de Suzuki

O japonês Suzuki, além de professor e músico, construía instrumentos musicais. Certa vez, fez duas descobertas reveladoras, que modificaram sua vida para sempre e que estão modificando a vida de milhões de pessoas, assim como a maneira do mundo ver os bebês e sua Inteligência Verbal e Criativa.

A primeira revelação de Suzuki aconteceu quando ele visitava um *incubarium* gigante de cotovias japonesas.

Os criadores japoneses desse pássaro canoro incubam milhares de ovos em enormes salões aquecidos e silenciosos, que funcionam como ninhos gigantes. Silenciosos com a exceção de um som: a voz do Mestre Cantor, um verdadeiro Beethoven dos pássaros!

Suzuki observou, para sua surpresa, que todo filhote que saía do ovo começava automaticamente a imitar o mestre cantor. Observou também que, com alguns dias de vida, os filhotes, que antes só imitavam, começavam a desenvolver as próprias variações da Canção Mestre original. Os criadores esperavam até que os pequenos músicos tivessem desenvolvido o próprio estilo e escolhiam entre eles o futuro Mestre Cantor, e assim o processo continuava.

'Incrível!', pensou Suzuki. 'Se o minúsculo cérebro de um pássaro consegue aprender com tanta perfeição, com certeza o cérebro humano, com suas habilidades superiores, é capaz de fazer o mesmo, e *melhor*!'

Essa linha de raciocínio levou Suzuki à sua segunda revelação, que fez com que seus amigos pensassem que ele tinha perdido uma boa quantidade das próprias células cinzentas.

Suzuki, num delírio de entusiasmo com o que tinha observado, saiu contando para todo mundo sua incrível descoberta: que toda criança japonesa aprende a falar japonês!

Seus amigos e colegas lhe davam tapinhas nos ombros, dizendo que já sabiam disso. 'Não!', dizia Suzuki, 'elas *realmente aprendem*, e isso é incrível!'

Suzuki estava certo. Como Newton, ele tinha descoberto uma coisa tão óbvia que ninguém a enxergava — que *qualquer* bebê, nascido em *qualquer* país, aprende automaticamente, no espaço de dois anos, a língua desse país.

Isso significa que o cérebro normal de qualquer bebê é capaz de aprender milhões de línguas em potencial.

Se você fosse um bebê caucasiano nascido em Pequim, por exemplo, não teria erguido seus olhinhos de bebê e pensado: 'Chinês?! É complexo demais para mim! Acho que vou ficar calado o resto da vida!'

Além de ter aprendido a língua daquele país, você teria aprendido os sons específicos da língua falada na região do país em que tivesse nascido — seu sotaque.

O que Suzuki descobriu foi que o sistema voz/ouvido/cérebro é uma perfeita máquina de copiar, com uma capacidade quase infinita de aprender a música (palavras e ritmos) de um número infinito de línguas.

E, além disso, que é indiferente que a língua seja chinês, português, musicês, matematês, artês, birmanês ou japonês: desde que tenha o ambiente de aprendizado correto e receba estímulo, o bebê consegue aprender *qualquer coisa*!

imitar

Suzuki descobriu o Princípio Cerebral da Imitação. Segundo esse princípio, o cérebro aprende copiando o melhor do que vê à sua volta. Se lhe é permitido fazer isso, ele consegue aprender continuamente, em ritmo acelerado.

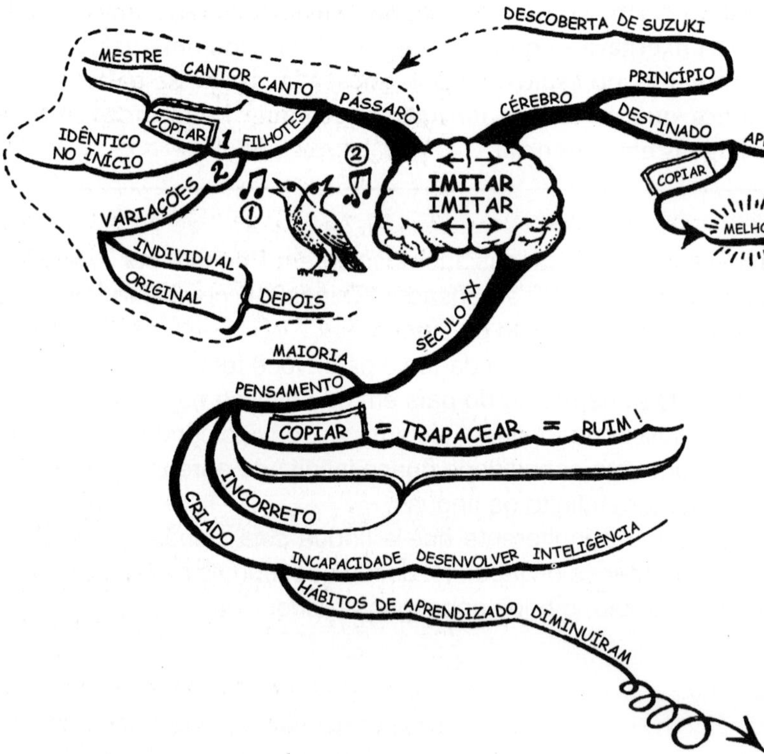
DESCOBERTA DE SUZUKI
MESTRE
CANTOR
CANTO
PÁSSARO
CÉREBRO
PRINCÍPIO
DESTINADO
APRENDER
COPIAR
MELHOR
IMITAR
IMITAR
COPIAR
1
FILHOTES
IDÊNTICO
NO INÍCIO
2
VARIAÇÕES
INDIVIDUAL
ORIGINAL
DEPOIS
SÉCULO XX
MAIORIA
PENSAMENTO
COPIAR = TRAPACEAR = RUIM!
INCORRETO
CRIADO
INCAPACIDADE DESENVOLVER INTELIGÊNCIA
HÁBITOS DE APRENDIZADO DIMINUÍRAM

Durante a maior parte do século XX, pensamos erradamente que imitar e copiar eram a mesma coisa, sendo que copiar era trapacear e que trapacear era ruim. Pensando desse jeito equivocado, criamos hábitos de aprendizado que diminuíram cada vez mais nossa capacidade de desenvolver a inteligência, especialmente a Inteligência Verbal.

Arranjamos até pressupostos ridículos para apoiar essa idéia, como por exemplo: depois dos 10 anos de idade, o desenvolvimento da Inteligência Verbal se torna muito mais difícil e, depois dos 25, torna-se virtualmente impossível.

Nada poderia fugir mais à verdade.

Aplicando o princípio da imitação, como fazem os filhotes de pássaros canoros, e o conhecimento adicional que você vai ganhar com a leitura de *O Poder da Inteligência Verbal*, você poderá adquirir vocabulário e aumentar seu poder verbal numa tal velocidade que o bebê parecerá vergonhosamente lento perto de você!

brincar

Quando o bebê está 'trabalhando', às voltas com as gigantescas tarefas de aprender e sobreviver, Brincar é sua principal ferramenta.

Brincar é o método que o universo criou para permitir ao bebê aprender com mais facilidade.

Por quê?

Porque brincar envolve atividades agradáveis, muitas vezes divertidas, e sempre imaginativas. Envolve, em geral, atividade física, muitas vezes vigorosa e prolongada, e exige que o cérebro faça novas associações entre as coisas.

Você vai ver que todos os bebês adoram brincar, especialmente com as palavras. Eles as deixam rolar na boca, muitas vezes as pronunciam errado de propósito, para que fiquem mais interessantes ou engraçadas, brincam com diferentes variações e combinações de palavras e partes de palavras, modificam o tom, a velocidade e o volume da voz e estão sempre curiosos a respeito de palavras novas, de seu significado e associações.

Infelizmente, durante os últimos dois séculos, o aprendizado se tornou muito mais sério e o elemento lúdico foi removido, com a exceção das classes de professores de altíssima qualidade. Até mesmo agora, no início do século XXI, isso ainda acontece. Nos Estados Unidos, alguns educadores lideram um movimento para eliminar toda a brincadeira das escolas, incluindo o recreio. Seu argumento? Eliminando as brincadeiras e o recreio, você economiza tempo e obtém resultados muito melhores dos jovens cérebros, já que estarão 100 por cento dedicados ao trabalho 'sério'. Uma tal política equivale a dizer que, removendo as pernas das crianças, elas ficarão mais leves e, assim, ganharão em mobilidade!

É aplicando o Princípio Cerebral da Brincadeira que os bebês e as crianças desenvolvem rapidamente sua Inteligência Verbal.

Você pode ver as implicações por si mesmo...

gosto em aprender

Outra arma secreta do bebê para o desenvolvimento de sua Inteligência Verbal é o gosto com que ele aprende. Esse gosto é alimentado por uma curiosidade insaciável.

No instante em que o cérebro do bebê faz a pergunta seguinte ou se interessa pelo 'passo seguinte', todos os seus sentidos se abrem e todas as suas energias são imediatamente direcionadas àquela resposta, àquela meta.

Essa abertura e essa concentração são exatamente o que cérebro precisa para assimilar, compreender e guardar a nova informação verbal.

'O uso de estruturas de linguagem cada vez mais complexas e sofisticadas, e das unidades (vocabulário) que formam essas estruturas, é uma das características que definem o desenvolvimento e o avanço evolutivo. O treinamento e o cultivo de seus recursos nessa área é seu direito natural, é de sua responsabilidade, e é uma rara oportunidade. Se você souber aproveitá-la, ela vai lhe proporcionar benefícios excepcionais. Reivindique-a. Aceite-a. Desenvolva-a!'

Tony Buzan

Ironicamente, o gosto do bebê em aprender é acompanhado de uma coisa que os adultos em geral consideram inaceitável, mas que é a pedra fundamental da Inteligência Verbal. Esse é o próximo 'Segredo do Bebê'.

errar / 'fracassar'

O bebê comete erros?
Sim!

Mais do que a média dos adultos?
Muito mais!

Como é possível que um superaprendiz como o bebê cometa mais erros do que a média dos adultos, que nem aprendem tão depressa?

Porque o bebê conhece o segredo: *errar e ter experiências 'fracassadas' é uma das maneiras mais rápidas de acelerar o aprendizado.*

Não cometer erros significa não tentar. Quem nunca tenta, nunca aprende.

O bebê descobriu que, combinando o gosto em aprender com a criatividade e com a disposição para correr riscos, *você não vai apenas cometer muito mais erros do que as outras pessoas, mas vai ter muito mais sucessos.*

Todas as pesquisas indicam que os grandes gênios do mundo usavam a Fórmula do Sucesso do Bebê. Eles escreveram milhões de palavras, deram milhões de pinceladas, compuseram milhões de notas e formularam milhões de idéias. Então, descartaram a maior parte disso tudo e guardaram o melhor!

'A linguagem é a roupa do pensamento.'

Samuel Johnson

Há um outro princípio secreto em que o bebê é campeão mundial.

persistência

O bebê sabe que se a persistência não acompanhar o gosto em aprender e a coragem de cometer erros, nenhum progresso será feito.

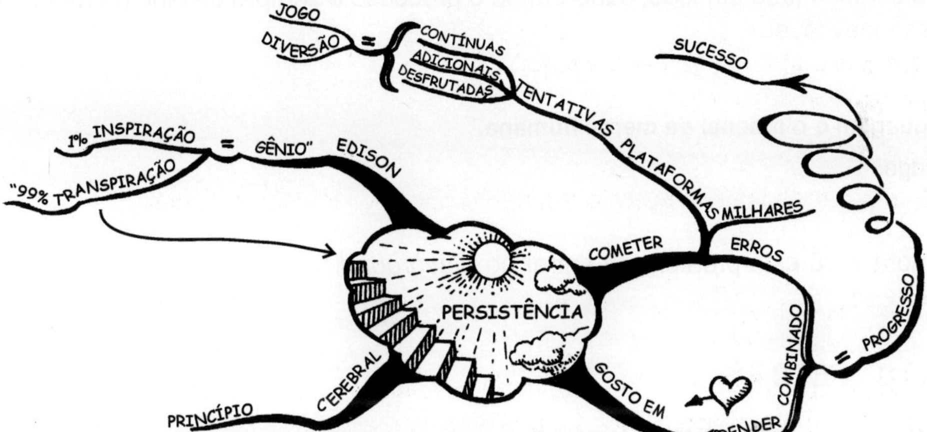
JOGO
DIVERSÃO
=
CONTÍNUAS
ADICIONAIS
DESFRUTADAS
TENTATIVAS
PLATAFORMAS
MILHARES
SUCESSO
1% INSPIRAÇÃO
"99% TRANSPIRAÇÃO
= GÊNIO"
EDISON
PERSISTÊNCIA
COMETER
ERROS
GOSTO EM
APRENDER
COMBINADO
= PROGRESSO
CEREBRAL
PRINCÍPIO

Calcule quantas vezes um bebê tenta pronunciar uma palavra complexa antes de acertar: às vezes, são *centenas* de 'fracassos'.

Será que o bebê fica de mau humor e pensa 'De que adianta? Tentei centenas de vezes e ainda não acertei essa maldita palavra. Essa brincadeira de aprender a falar é difícil demais; não é para mim — eu desisto!'?

É claro que não!

O bebê usa cada erro como uma plataforma para a tentativa seguinte. Enquanto isso, ele faz de tudo um jogo, saboreando o processo e sempre de olho na meta e no sucesso inevitável.

'A linguagem é o arsenal da mente humana.'

Coleridge

Agora você está pronto para entrar no *playground*!

treino verbal

Quebra-cabeça Número 3

adalas	X _ _ _ _ X
azalere	X _ _ _ _ _ _
odido	X _ X _ _
jitevado	X _ _ _ _ _ _ _

Pista: Deixa você feliz e bem-disposto _ _ _ _ _ _

Dica de Inteligência Verbal

- Responda primeiro às questões mais fáceis, seja qual for sua posição na lista ou ordem linear que você tem à sua frente.

Por quê?

Porque, tendo as questões mais fáceis 'no papo', o cérebro paraconsciente percebe que há menos a fazer do que no começo, o que reduz bastante o stress e aumenta a sua confiança.

Em segundo lugar, responder primeiro às questões mais fáceis estabelece um hábito no cérebro — o hábito do *sucesso*. E sucesso traz sucesso!

Quebra-cabeça Número 4

Insira a palavra que completa a primeira palavra e inicia a segunda.

(Pista: caminho)

COTO (_ _ _) TURA

Imite o Melhor

Do mesmo modo que o bebê copia as pessoas que, para ele, são as mais poderosas e bem-sucedidas do mundo (seus pais!), copie especialistas, celebridades, atores, atletas ou pessoas da sua profissão que você considera 'O Máximo' no uso imaginativo de palavras, assim como em alcance e clareza.

Disponha-se a observá-los e a estudá-los, ficando atento especialmente a palavras interessantes que usem, assim como à sua maneira de dizê-las.

Brinque com as Palavras

Lembre-se que uma das ferramentas de aprendizado mais eficazes do bebê é 'brincar'. Aplique-a agora ao desenvolvimento do seu vocabulário. Misture partes de diferentes palavras para criar palavras novas e surpreendentes, e aproveite a liberdade que isso lhe dá. Faça versinhos, rimas e palíndromos (frases que dá para ler de trás para a frente e da frente para trás — 'A grama é amarga', por exemplo!).

Shakespeare, uma das maiores Inteligências Verbais que o planeta já teve, adorava brincar com as palavras e, como resultado, criou mais de 200 palavras e expressões, que são agora comuns na língua global. Tente alcançá-lo!

Foi essa liberdade mental e essa capacidade de criar que deu origem ao estudo da Holantropia, a disciplina que nasceu da minha frustração por não encontrar uma disciplina que me permitisse estudar o ser humano (*'anthropos'* em grego) total (*'holos'* em grego).

Uma outra palavra nova que você pode achar interessante veio de um amigo meu, Lex McKee, que é professor de Holantropia. Amante das palavras, além de músico e pintor, Lex estava muito satisfeito com a palavra onomatopéia (uma palavra cuja pronúncia imita o som natural da coisa significada, como 'cricri').

No entanto, ele percebeu de repente que essa palavra se aplica apenas aos sons e, como também é pintor, queria uma palavra que falasse também ao sentido da visão. Então, pegou a palavra 'onomatopéia' e acrescentou a ela um 'v' preliminar, criando assim 'vonomatopéia' — palavra que 'tem o som e a *aparência* da coisa significada'.

Ímãs de geladeira em forma de alfabeto são uma forma divertida de explorar e criar novas palavras e significados. Além disso, toda a família pode participar, criando mais e mais palavras nesse maravilhoso quadro de mensagens que é a porta da geladeira de muitas pessoas!

Fique Atento a Palavras Desconhecidas!

Esteja sempre atento a palavras cujo significado você desconhece e também a palavras que sejam totalmente novas.

Para muitos adultos, é perturbador encarar o fato de que 'não sabem'. Como resultado, tendem a evitar essas situações. Se você refletir sobre essa 'fórmula de comportamento', vai perceber que é uma fórmula de desastre! O que pode aprender alguém que fica em segurança nas áreas que conhece bem, evitando as que não conhece?

Nada!

O bebê é exatamente o oposto. Por quê? Porque o bebê adora não saber! Não saber abre a porta para infinitas oportunidades de aprender coisas novas e emocionantes. O bebê é puramente ignorante, sendo que ignorante (que vem do latim '*ignorare*') significa simplesmente 'não saber'. Observe que, quanto mais você sabe que sabe, mais você sabe que ainda há muito para saber!

Encare sua busca de novos conhecimentos como um bebê — com gosto e entusiasmo!

Ofereça ao seu Cérebro uma Dieta Saudável

Seu cérebro vive de quatro alimentos: *Informação, Nutrição, Oxigênio* e *Amor.* Entre as principais fontes de informação do cérebro estão o *Vocabulário* e a *Linguagem.* Portanto, ofereça ao seu cérebro uma dieta saudável de palavras, sem deixar de 'comer' regularmente, de variar sempre a 'dieta', de se abastecer constantemente com 'alimentos frescos' e sem nunca ficar em 'jejum' por muito tempo. Às vezes, vale até um exagero!

Aprenda com os Erros

Como no caso da ignorância, muitos adultos têm medo de cometer erros, principalmente com palavras. Acham, equivocadamente, que errar faz com que pareçam lerdos, pouco inteligentes e com poucos méritos.

Mas nada poderia estar mais distante da verdade!

Se você quer aprender a falar brilhantemente qualquer vocabulário, aprenda com os maiores aprendizes da linguagem: os bebês e as crianças. Eles raramente se escondem na segurança de palavras que conhecem: preferem saltar em direção às estrelas, cometendo todos os erros necessários para chegar lá.

É por isso que gostam de palavras 'mais difíceis': elas lhes dão a oportunidade de jogar um jogo melhor, que são muito mais engraçados e provocam muito mais gargalhadas do que as palavras 'corretas'!

Sabemos agora que os erros não são um impedimento para o aprendizado: eles são o *caminho de ouro* para o aprendizado.

Aproveite os seus de agora em diante...

Fique Amigo das Palavras

Você mobiliza muito mais seus sentimentos e emoções quando aumenta sua Inteligência Verbal. Muitas pessoas têm uma idéia equivocada das palavras, julgando-as 'inteligentes', 'analíticas', difíceis' e 'frias'. E quem quer se relacionar com uma coisa (ou com alguém) que tenha apenas essas qualidades?

Mas, na verdade, as palavras são 'surpreendentes', 'imaginativas', 'sensuais', '*sexies*', 'quentes', 'deliciosas' e muitas outras coisas — e todo mundo vai desejar ardentemente se relacionar com coisas ou pessoas que tenham essas qualidades.

Quando você começa a fazer amizade com as palavras, como fazem os bebês, elas ficam suas amigas e permitem que você as conheça e brinque com elas muito mais rapidamente e se divertindo mil vezes mais do que antes.

Persista em sua Busca do Poder Verbal

Lembre-se de que um dos principais recursos da incrível inteligência e das realizações dos bebês e dos gênios pode ser resumido numa só palavra: *persistência*. O dicionário define da seguinte maneira a palavra 'persistência': 'Ater-se com firmeza a uma opinião ou curso de ação a despeito de dificuldades e oposição; continuar a persistir.' Ela vem do latim '*persistere'* — 'ficar firme'.

Perseguindo com firmeza sua meta de Inteligência Verbal, você *se tornará* muito mais inteligente, aproximando-se da incrível capacidade do bebê e do gênio nessa área. Persistindo, você vai superar todos os obstáculos do aprendizado. Persistindo, seus erros se transformarão em sucessos. Persistindo, você fará amizade com milhares de palavras novas.

Persista!

Estimulador do Poder Verbal Número 2

Nesta seção que vai estimular seu vocabulário, eu lhe trago alguns adjetivos fascinantes. Eles vão temperar suas conversas, acrescentando-lhes riqueza e profundidade. Escolha a definição que você acha que mais se aproxima do sentido correto, entre as quatro opções apresentadas em cada caso. (Respostas nas páginas 191-192.)

1 DIDÁTICO
- (a) Relativo ao ensino; instrutivo
- (b) Agressivo; hostil
- (c) Explosivo; arrebatado
- (d) Relativo a um pássaro extinto

2 SUB-REPTÍCIO
- (a) De cor cinza
- (b) Serrilhado
- (c) Furtivo ou secreto
- (d) Totalmente silencioso

3 HERÉTICO
- (a) Diz-se de comportamento que merece punição
- (b) Pessoa de hábitos frugais, modestos
- (c) Relativo à cultura grega antiga
- (d) Que professa doutrina contrária às da Igreja

4 COPIOSO
- (a) Capaz; competente
- (b) Abundante; profuso
- (c) Religioso
- (d) Relativo a cópia

5 IMPERATIVO
- (a) Real; relativo à realeza
- (b) Relativo a império
- (c) Categórico; urgente
- (d) Muito forte

6 INDELÉVEL
- (a) Leviano; inconstante
- (b) Que não se pode apagar
- (c) Indecifrável
- (d) Um tipo de construção

7 INESTIMÁVEL
- (a) Sem tempo suficiente
- (b) Que não tem preço; incalculável
- (c) Pessoa muito antipática
- (d) Fatal; sem volta

8 INAUDITO
- (a) Que nunca se ouviu dizer; de que não há exemplo
- (b) Deficiência auditiva irreversível
- (c) Relativo a características de nascença
- (d) Anterior à publicação

9 INEQUÍVOCO
(a) De uma só voz
(b) Em que não há ambigüidade
(c) Que tem comportamento inconstante
(d) Coro desafinado

10 CATEGÓRICO
(a) Claro, explícito, positivo
(b) Dividido em categorias
(c) Relativo a gatos
(d) Vagamente definido

poder verbal I —

raízes: como melhorar o vocabulário, a criatividade, a memória e o Q.I.!

capítulo três

'As palavras são os instrumentos que tornam o pensamento possível.'

Judd

'As palavras são o corpo do pensamento.'

Carlyle

Neste capítulo e no próximo, você vai conhecer melhor o incrível poder das palavras. Vou guiá-lo através da história recente, mostrando-lhe como as palavras se desenvolveram como 'poder secreto', e vou lhe apresentar pesquisas que revelam por quê.

A maior parte deste capítulo e do próximo é dedicada a um verdadeiro banquete de elementos constitutivos do vocabulário e da Inteligência Verbal: *Raízes*, *Prefixos* e *Sufixos*.

Estudo de Caso — Uma Palavra Sobre Negócios

Nos Estados Unidos, o Dr. Johnson O'Connor, que trabalhava no Laboratório de Engenharia Humana, em Boston, era fascinado pela relação entre vocabulário e sucesso profissional. Certa vez, aplicou um teste de vocabulário em 100 jovens que estudavam para ocupar cargos executivos. Cinco anos depois do experimento original, o Dr. O'Connor avaliou o sucesso desses jovens em suas carreiras.

A correlação era incrível. Todos os que estavam entre os 25 por cento com as melhores pontuações tinham cargos executivos.

Mas, entre os 25 por cento com as pontuações mais baixas, nenhum tinha se tornado executivo!

palavras e poder

Desde a aurora da civilização, as palavras têm uma aura de mistério, magia e poder. A primeira forma de escrita (cuneiforme) surgiu no Oriente Médio, na Mesopotâmia, a partir da necessidade que os governantes sentiam de manter registros precisos de impostos pagos e devidos, além de outros dados burocráticos, como a quantidade de grãos que era distribuída e armazenada.

No antigo Egito, os sacerdotes eram os 'guardiões da palavra'. Procuravam manter secreta a arte de ler e escrever porque isso lhes dava um tremendo poder de manipular o conhecimento e as pessoas. Nos quatro mil anos seguintes, os líderes de todas as sociedades guardaram para si esse poder especial, comunicando-se nos códigos secretos da escrita superior, enquanto as massas ignorantes reagiam com reverência, superstição e medo diante do poder que as palavras exerciam sobre elas.

'Governamos os homens com palavras.'

(Napoleão)

Esse poder era o poder sobre o conhecimento, o poder de persuadir, o poder de inspirar, o poder de fascinar, o poder de controlar e conduzir. Em outras palavras, era o poder de agir sobre o cérebro humano.

No inglês moderno, há duas palavras que vieram dessa história: '**spell**' (que significa ao mesmo tempo *soletrar* e *enfeitiçar*) e '**glamour**'.

Na Renascença Européia, época da Rainha Elizabeth I e das obras-primas de Shakespeare, um número surpreendente de pessoas ainda não sabia ler nem escrever. Os livros de registros revelam que a maioria dos jovens que se casavam não assinavam o livro com o nome, mas com uma cruz.

A capacidade para ler e escrever era vista com reverência pelas pessoas comuns: elas achavam que aquelas que a possuíam estavam participando de alguma forma de magia. Em geral, quem sabia ler ou *soletrar* sabia também *lançar feitiços*.

Então, segundo a lógica da mente ignorante e temerosa, quem sabia ler podia, misteriosamente, controlar os outros. Ou seja: já que a leitura e a escrita estavam associadas a 'feitiço', o detentor desse conhecimento esotérico 'lançava feitiços' por meio do uso das palavras: CQD (Como Queríamos Demonstrar)!

A palavra 'glamour' tem uma etimologia, ou derivação, semelhante.

No século XVII, a língua usada pelos intelectuais era predominantemente o latim. Escrevendo e conversando nessa língua, eles aumentavam seu poder social, econômico e político.

Para 'juntar as palavras' eles usavam o conceito místico de 'gramática', '*grammar*' em inglês. A idéia de gramática era associada aos que tinham autoridade e poder. Com o tempo, o primeiro 'R' da palavra '*grammar*' foi se transformando em 'L', como é comum acontecer. Assim, '*grammar*' acabou se transformando em 'glamour', uma palavra usada hoje em várias línguas, aplicada a quem emana uma aura de poder, elegância e controle.

As palavras ainda nos enfeitiçam, e não é à toa. Desenvolvendo a Inteligência Verbal, você também se tornará um Mago das Palavras.

raízes das palavras

Para se tornar um mago verbal, uma das melhores maneiras é estudar as Raízes das palavras que usamos normalmente.

Estudando a Raiz das palavras, você não apenas aumenta instantaneamente o poder do seu vocabulário e da sua Inteligência Verbal, mas se dá conta de um fato importante: as palavras não são coisas frias, abstratas, mortas. Elas são quentes, emocionantes, significativas e muito vivas.

Como todas as coisas vivas, as palavras são concebidas, nascem e crescem até a maturidade. Finalmente, elas passam seu significado e sua energia para novas formas verbais e novas línguas.

O estudo das Raízes é o estudo de histórias fascinantes sobre a criação e o nascimento das palavras. Agora, você já está envolvido nesse estudo maravilhoso e pode ser chamado de 'etimologista'. A palavra 'etimologia' remonta à palavra grega '*etymon*' (que significa 'sentido verdadeiro ou original') e também a '*-logia*', expressão grega que significa 'estudo de' e que, por sua vez, vem da palavra grega '*logos*', que significa 'palavra'!

Agora, você já pode dizer que é realmente um etimologista: uma pessoa interessada na ciência dos significados verdadeiros ou originais.

Cada Raiz é como um pequeno ser em animação suspensa. Estudando-a, você a traz à vida, permitindo que as belas imagens, a história e a poesia, que são a essência da palavra, vivam de novo. Por exemplo: se você ouve música clássica, já percebeu que há peças intituladas 'Opus 1' ou 'Opus 104'. Em geral, as pessoas acham que isso significa 'inspiração criativa' ou 'obra-prima musical', mas o que significa *realmente*?

Conhecendo as Raízes, você saberá a resposta. O significado dessa palavra latina é simplesmente 'trabalho'. Esse conhecimento nos revela instantaneamente o verdadeiro funcionamento da mente criativa. A música magnífica que você costuma ouvir não vem de artistas etéreos. Vem de anos de estudo e *trabalho* dedicado e apaixonado.

As Raízes, então, são como o centro de mínis Mapas Mentais®, que irradiam todos os tipos de ramificações e associações maravilhosas. São pequenos universos em si mesmas, que iluminam os céus escuros da ignorância verbal.

Você está prestes a entrar no mundo dos romanos e dos gregos para explorar 25 desses universos.

Raiz Número 1

arqui arc arca

Significa: governante (do grego *'archos'*)

'Esta raiz vai ajudá-lo a se tornar o **arquiteto** do seu próprio futuro lingüístico e a subir na **hierarquia** dos conhecedores de vocabulário!'

Exemplos

- Matri**arca** — substantivo. Mulher como chefe de família ou tribo.
  'Ela comandava a família inteira com coração terno, combinado a uma vontade de ferro — era uma verdadeira **matriarca**!'
- Patri**arca** — substantivo. Homem como chefe de família.
  '*O Poderoso Chefão*, filme ganhador do Oscar, é sobre um perfeito **patriarca** — o chefe de uma família mafiosa italiana.'
- Oligar**quia** — substantivo. Pequeno grupo de pessoas que comanda ou governa um estado.
  'O grande filósofo grego Platão achava que era melhor governar por intermédio de uma **oligarquia** iluminada de "Reis Filósofos" do que permitir que questões de Estado fossem conduzidas pelo populacho ignorante.'

Raiz Número 2

clam

Significa: proferir em alta voz; bradar, gritar; exigir (do latim *'clamare'*)

'Com esta raiz, você vai poder **reclamar** um maior território verbal e aumentar a probabilidade de sua crescente habilidade verbal ser recebida com **aclamação**!'

Exemplos

- De**clamar** — verbo. Recitar em voz alta; proclamar.
  'Gostaria de **declamar** um poema que menciona a Holantropia.'
- Pro**clamar** — verbo. Anunciar em público.
  'Nosso novo conhecimento sobre o cérebro e sua capacidade de aprender é tão importante que devemos aproveitar todas as oportunidades de **proclamá-lo** globalmente.'
- Ex**clamar** — verbo. Bradar; gritar como quando se fica surpreso.
  'Ver os amigos reunidos para a sua festa-surpresa fez com que ela **exclamasse** de maneira a trazer um sorriso ao rosto de todos.'

Raiz Número 3

corp

Significa: corpo (do latim '*corpus*')

'A **incorporação** desta raiz ao seu vocabulário vai animar as outras raízes e criar entre elas um espírito **corporativo**!'

Exemplos

- **Corpo** — substantivo. Grupo de pessoas organizadas para um serviço comum.
  'Muitos jovens entram para o **Corpo** de Paz para ajudar outras pessoas no mundo inteiro e também para ampliar seu conhecimento e sua experiência no planeta.'
- In**corpor**ar-se — verbo pronominal. Reunir-se; juntar-se; congregar-se.
  'Eles resolveram se **incorporar** numa companhia para maximizar os lucros que poderiam ter com sua idéia.'

- **Corpor**al — adjetivo. Relativo ao corpo.
  'É importante diferenciar e ao mesmo tempo integrar questões **corporais**, intelectuais e espirituais.'

Raiz Número 4

dic dit

Significa: dizer ou declarar (do latim *'dictare'*)
'Esta raiz vai agir como um **indicador** de onde ela mesma aparece!'

Exemplos

- **Dic**ionário — substantivo. Um livro de referência dos significados das palavras.
  'Um **dicionário** é uma ferramenta de muita utilidade no desenvolvimento da Inteligência Verbal.'
- Pre**diç**ão — substantivo. Uma declaração do que vai acontecer no futuro.
  'Faço com confiança a **predição** de que mais e mais pessoas se interessarão em desenvolver suas Múltiplas Inteligências.'
- **Dic**ção — substantivo. Maneira de dizer ou falar.
  'Ele falou com muita clareza — sua **dicção** é quase perfeita.'

Raiz Número 5

fac fact

Significa: fazer (do latim *'facere'*, *'factus'*, criar ou construir)

'Quando tiver acabado esse exercício, você terá mais **facilidade** com palavras que contêm duas raízes, e isso lhe dará uma grande **satisfação**!'

Exemplos

- Satis**faç**ão — substantivo. Contentamento por ter feito alguma coisa direito.
  'Não consigo ter nenhuma **satisfação**!'
- **Fác**il — adjetivo. Que se faz ou se consegue sem custo.
  'Foi uma vitória **fácil**: ele derrotou o adversário sem esforço.'
- **Fac**tótum — substantivo. Pessoa que sabe fazer muitas coisas.
  'O funcionário insubstituível era um **factótum**: fazia de tudo.'

Raiz Número 6

fic feit

Significa: fazer (do latim '*fictus*', formar ou moldar)

'Com esta raiz, você será beneficiário daquilo que o tornará muito mais **proficiente** com seu vocabulário, e o ajudará em seu caminho para ser **perfeito** do ponto de vista verbal!'

Exemplos

- Magni**fic**ente — adjetivo. Grandioso, suntuoso.
  'O Taj Mahal é um exemplo **magnificente** do melhor da arquitetura.'
- Dei**fic**ação — substantivo. Fazer de alguma coisa um deus ou adorar alguma coisa como um deus.
  'A **deificação** do Sol e da Lua foi uma parte importante do desenvolvimento cultural de muitas culturas.'
- E**fic**az — adjetivo. Efetivo; que produz o efeito desejado.
  'Foi uma experiência arriscada, mas com resultados muito **eficazes**.'

Raiz Número 7

gnosi cognosc (conh)

Significa: saber (do latim *'noscere'* e *'cognoscere'*)

'Esta raiz vai ajudá-lo a **reconhecer** uma gama inteiramente nova de palavras, que deixarão de ser **incógnitas** para você!'

Exemplos

- **Conhe**cer — verbo. Ter noção, informação, saber.
  'Quando terminar de ler *O Poder da Inteligência Verbal*, você **conhecerá** um novo universo de palavras e significados.
- Pro**gnós**tico — substantivo. Predição; conjectura sobre o desenvolvimento de uma situação.
  'Com esta nova compreensão do cérebro e seu potencial, o **prognóstico** para o futuro da espécie humana está cada vez mais brilhante.'
- **Conhe**cedor — substantivo. Aquele que conhece, perito, entendedor.
  'O evento que reuniu vários dos maiores *chefs* do mundo foi uma das maiores reuniões de **conhecedores** que o mundo da gastronomia já viu.'

Raiz Número 8

intelect intelig

Significa: capacidade de saber e pensar (do latim *'inter'*, entre, e *'legere'*, escolher)

'Esta raiz esperta o ajudará a aumentar sua **inteligibilidade** ao se comunicar e deixará os outros impressionados com seu **intelecto** superior.'

Exemplos

- **Intelect**ual — substantivo. Alguém que tem conhecimento e que sabe raciocinar e compreender objetivamente.
  'Devido à sua vasta erudição, ela era considerada uma das maiores **intelectuais** da universidade.'
- **Intelig**ível — adjetivo. Que pode ser facilmente compreendido.
  'Apesar da complexidade do assunto, sua explicação foi **inteligível** para o público.'
- **Intellig**entsia — substantivo. Os intelectuais considerados como uma classe ou grupo, ou como elite artística, social ou política.
  'Platão achava que os governantes de um Estado deviam ser escolhidos entre a **intelligentsia**.'

Raiz Número 9

liber

Significa: livre (do latim '*liber*', '*libertas*')

'Esta raiz desvendará muitas palavras novas para você e o ajudará a **liberar** a mente!'

Exemplos

- **Liber**alizar — verbo. Tornar mais livre.
  'Poetas, pintores e filósofos tentaram, ao longo da História, **liberalizar** os costumes.'
- **Liber**alismo — substantivo. Conjunto de idéias e doutrinas que visam assegurar a liberdade individual dentro da sociedade.
  'A Democracia e o **Liberalismo** caminham de mãos dadas.'

- **Liber**tarianismo — Filosofia política que advoga o mínimo de intervenção do Estado na vida dos cidadãos.
  'O **libertarianismo** e o totalitarismo estão em pontas opostas do espectro.'

Raiz Número 10

logo log

Significa: 'palavra' (do grego '*logos*')

'Esta raiz vai ajudá-lo a ter um raciocínio mais **lógico** e, aos poucos, você poderá desenvolver um estilo **logomáquico**.'

Exemplos

- **Logo**latria — substantivo. Culto das palavras.
  'Sua admiração pelos filósofos gregos levou-a à **logolatria**.'
- **Logo**técnico — substantivo. Especialista em logotecnia, a ciência da significação e emprego das palavras.
  'Os editores do novo dicionário contrataram o melhor **logotécnico** do país para garantir a qualidade do produto.'
- **Logo**grifo — substantivo. Modalidade de charada.
  'Com seu novo vocabulário enriquecido, ele começou a entreter seus amigos com **logogrifos**.'

Raiz Número 11

magna magni

Significa: grande (do latim '*magnus*')

'Esta grande raiz vai ajudá-lo a aumentar ainda mais a **magnitude** do seu vocabulário e a perceber o poder, a beleza e a **magnificência** da língua que você fala.'

Exemplos

- **Magni**ficar — verbo. Tornar maior.
  'Os telescópios e os microscópios **magnificam** o macrocosmos e o microcosmos, tornando-os mais compreensíveis para a nossa mente curiosa.'
- **Magna**ta — substantivo. Pessoa ilustre e influente, grande potentado.
  'Quando o **magnata** da indústria naval visitou a cidade, trazia agendada uma reunião com empresários tão poderosos quanto ele.'
- **Magnâ**nimo — adjetivo. Que tem grandeza de alma; generoso.
  'De tão **magnânimo,** era considerado um santo.'

Raiz Número 12

memor

Significa: lembrar (do latim '*memor*', consciente)

'Esta raiz vai ajudá-lo a melhorar a **memória**, permitindo-lhe compreender e **memorizar** as palavras com mais facilidade, o que vai tornar **memorável** a sua maneira de falar!'

Exemplos

- **Memór**ias — substantivo. Registro de fatos memoráveis por quem os presenciou; autobiografia.
  'Ele acha que sua vida foi tão emocionante e original que resolveu escrever suas **memórias**.'
- **Memor**ial — substantivo. Anotação de coisas a serem lembradas.
  'As coisas que as pessoas guardam ao longo da vida funcionam como um **memorial,** ajudando-as a recordar pessoas, lugares e acontecimentos do passado.'

- **Imemor**ial — adjetivo. Muito antigo; de que não há memória por ter ocorrido há muito tempo.
  'Os seres humanos compõem música e poesia desde tempos **imemoriais**.'

Raiz Número 13

neo

Significa: novo ou recente (do grego '*neos*')

'Neste estágio do desenvolvimento do seu vocabulário, você não será mais um **neófito**: terá se tornado um hábil usuário das palavras e da língua e terá dado muito prazer e estímulo ao seu **neocórtex**.'

Exemplos

- **Neó**fito — substantivo. Noviço, iniciante, recém-convertido.
  'Como era um **neófito** na ordem espiritual, resolveu ouvir primeiro e falar depois.'
- **Neo**lítico — adjetivo. A 'nova' era, quando os seres humanos começaram a plantar e a domesticar animais.
  'A era **neolítica** marcou um dos grandes saltos criativos no desenvolvimento do pensamento humano.'
- **Neo**logismo — substantivo. Palavra antiga tomada com sentido novo.
  'Tradicionalmente, os **neologismos** enriquecem a variedade da língua falada e escrita.'

Raiz Número 14

nov

Significa: novo (do latim '*novus*', '*nova*')

'Esta raiz vai ajudá-lo a se tornar mais **inovador**, permitindo-lhe pensar de maneiras **novas**. Ela poderá inspirá-lo a **renovar** áreas de sua vida e até a escrever uma **novela**!'

Exemplos

- **Nov**elista — substantivo. Pessoa que escreve novelas.
  'Depois de muitos anos escrevendo trabalhos acadêmicos, ele decidiu usar sua imaginação para escrever um trabalho de ficção: decidiu tornar-se um **novelista**.'
- **Nov**ato — substantivo. Principiante em qualquer área ou atividade.
  'Embora fosse um **novato** no futebol de campo, a técnica que adquiriu no futebol de salão era digna de um veterano.'
- Super**nov**a — substantivo. Estrela que explode de repente, assumindo uma nova forma. No processo, ela brilha milhões de vezes mais do que antes.
  'A nebulosa do caranguejo, uma estrutura semelhante a uma nuvem gigante, é o que restou de uma estrela que se tornou uma **supernova** há milhões de anos.'

Raiz Número 15

nunci

Significa: falar; declarar; anunciar (do verbo latino '*nunciare*')

'Com esta raiz, você poderá **anunciar** que sua capacidade de **enunciação** e sua **pronúncia** melhoraram.'

Exemplos

- Pro**núnci**a — substantivo. Modo de pronunciar, fala; articulação de uma palavra falada.

'O interessante é que muita gente **pronuncia 'pronuncia'**, a terceira pessoa do singular do verbo **pronunciar**, como **pronúncia**, o substantivo.'

- E**nunci**ar — verbo. Exprimir, declarar, manifestar.
  'Para se fazer entender, ele usou palavras simples, **enunciadas** com clareza.'

Raiz Número 16

opus oper

Significa: trabalho (do latim '*opus*')

'Com esta raiz, que indica também uma peça musical classificada e numerada, você entenderá melhor a natureza da **cooperação**, poderá apreciar melhor as 'pequenas **óperas**', conhecidas como **operetas**, e talvez se torne um **operador** ainda melhor!'

Exemplos

- **Oper**acional — adjetivo. Pronto para utilização ou para funcionar.
  'A fábrica, fechada há vários anos, em pouco tempo tornou-se **operacional**.'
- **Oper**ário — substantivo. Trabalhador de indústria, que exerce trabalho especialmente manual ou mecânico.
  'Mais de mil **operários** paralisaram suas atividades em protesto aos cortes.'
- **Opus** — substantivo. Obra musical.
  'Os grandes vinicultores Philippe Rothschilde e Robert Mondavi deram o nome de "**Opus** I" ao primeiro vinho que produziram juntos.

Raiz Número 17

pan

Significa: tudo (do grego '*pan*')

'Esta palavra deve ser recolhida ao **panteão** das grandes raízes, pois vai ajudá-lo em seu caminho para a **pansofia,** ou sabedoria universal!'

Exemplos

- **Pan**teísmo — substantivo. A crença que identifica Deus com o Universo, ou vê o Universo como manifestação de Deus.
  'Ela considerava divinas as forças da natureza: era uma **panteísta**.'
- **Pan**acéia — substantivo. Uma cura para todos os males.
  'Muita gente acredita que o amor é a **panacéia** suprema.'
- **Pan**dêmico — adjetivo. Com características de epidemia generalizada.
  'A grande gripe **pandêmica** espalhou-se pela Europa.'

Raiz Número 18

pict pint pit

Significa: pintar, descrever (do latim '*pinctare*', '*pingere*')
'**Pinte-se** como um gênio verbal, e aumentará a probabilidade de se tornar um!'

Exemplo

- **Pict**ural — adjetivo. Referente à pintura.
  'Ela tinha um modo agradável e **pictural** de comunicar idéias.'
- **Pict**ografia — substantivo. Escrita baseada em representações pictóricas de objetos da realidade.
  'Os Mapas Mentais podem ser considerados uma forma de **pictografia**.'
- **Pit**oresco — adjetivo. Próprio para ser pintado; divertido; graciosamente original.
  'Aquela era uma das cenas mais belas e **pitorescas** que eles já tinham visto.'

Raiz Número 19

put

Significa: pensar, pensamento (do latim *'putare'*)

'Com esta raiz jeitosa, você poderá **computar** sua compreensão de novas palavras, ganhar qualquer **disputa** a respeito delas e expandir sua crescente **reputação** de mago das palavras.'

Exemplos

- De**put**ado — substantivo. Pessoa comissionada para pensar e agir por outrem; membro eleito da assembléia legislativa.
  'Um **deputado** eleito deve pensar e agir no interesse daqueles que o elegeram.'
- Com**put**ador — substantivo. Como agora você já sabe, essa palavra significa 'com pensamento', indicando uma máquina que pensa.
  'O bio**computador** humano é significativamente mais inteligente do que o computador de silício.'
- **Put**ativo — adjetivo. Alguma coisa que se pensa ser verdadeira, mas que não é.
  'Parecia que ela estava acumulando uma fortuna: era uma milionária **putativa**.'

Raiz Número 20

sof

Significa: sabedoria (do grego *'sofia'*)

'Esta raiz vai lhe dar mais **sofisticação** no uso da língua e ajudá-lo em sua busca de idéias **filosóficas**.'

Exemplos

- **Sof**ocliano — adjetivo. Relativo ao grego Sófocles, poeta dramático, cujo nome significa: 'O Sábio'.
  'Seu texto era engenhoso e denso, quase **sofocliano**.'
- Filo**sof**ia — substantivo. Estudo caracterizado pela intenção de ampliar incessantemente a compreensão da realidade.
  'Interessado na origem das coisas, ele resolveu estudar **filosofia**.'
- **Sof**isticado — adjetivo. Que demonstra conhecimentos profundos e atualizados sobre alguma coisa.
  'Seu vasto conhecimento fazia com que as pessoas a considerassem uma pessoa **sofisticada**.'

Raiz Número 21

tec

Significa: habilidade ou arte (do grego '*technikos*')
'Esta raiz vai lhe ensinar o caminho da **técnica** para conversar com **tecnocratas**!'

Exemplos

- Piro**tec**nia — substantivo. Arte ou técnica de usar fogo ou explosivos.
  'A véspera do Ano Novo é uma ocasião de vários espetáculos de **pirotecnia**.'
- **Tec**nocracia — substantivo. Sistema de organização política e social fundado na supremacia dos técnicos.
  'A **tecnocracia** é uma oligarquia de especialistas **técnicos**.'

Raiz Número 22

ultim

Significa: final, definitivo (do latim *'ultimu'*)

'Quando chegar ao **último** capítulo deste livro, você estará bem perto de um **ultimado** sucesso.'

Exemplos

- **Ultim**amente — advérbio. Nos últimos tempos; recentemente.
  '**Ultimamente**, estou me dedicando ao desenvolvimento de minha Inteligência Verbal.'
- Pen**últim**o — adjetivo. Que antecede o último.
  'Você já está chegando à **penúltima** raiz deste capítulo.'
- **Últim**o — adjetivo. Final, derradeiro, definitivo.
  'Será que o destino **último** do homem é povoar o universo?'

Raiz Número 23

ven vent

Significa: vir (do latim *'venire'*)

'Esta raiz lhe trará muitas **aventuras**, **intervindo** entre você e a ignorância, como um remédio intelectual **preventivo.** Quando dominar esta raiz e as outras, você poderá falar como Júlio César: *Vim. Vi. Venci.*'

Exemplos

- A**vent**ura — substantivo. Empreendimento ou experiência arriscada, de fim incerto.

'Eles viam com entusiasmo sua nova **aventura** juntos, certos de seu sucesso.'

- A**vent**ureiro — adjetivo. Que ama a **aventura**, ousado.
  'Era o espírito **aventureiro** e corajoso que os tornava atraentes para as pessoas.'
- Ad**vent**ício — adjetivo. Casual, fortuito, inesperado.
  'Receber toda aquela herança foi um acontecimento **adventício** que mudou a sorte da família.'

Raiz Número 24

ver veri

Significa: verdadeiro; genuíno (do latim '*verus*')

'Quando assimilar esta raiz, você será um comunicador voraz e capaz de **verificar** se as afirmações dos outros são **verdadeiras**.'

Exemplos

- **Ver**acidade — substantivo. Verdade, honestidade.
  'Era um homem extremamente ético e falava com completa sinceridade e **veracidade**.'
- **Ver**ificar — verbo. Confirmar, provar a verdade de alguma coisa.
  'Antes de assinar, quero **verificar** se o contrato traduz exatamente nosso acordo verbal.'
- **Ver**ídico — adjetivo. Verdadeiro, veraz.
  'Ela tinha se comprometido a falar a verdade: sua declaração foi totalmente **verídica**.'

Raiz Número 25

viv vida vita

Significa: vivo, vida (do latim *'vita'*)

'Esta é uma raiz particularmente importante, **vital** para o desenvolvimento do seu vocabulário, capaz de **vitalizar** seu discurso, além de ajudá-lo a **sobreviver** em qualquer situação verbal!'

Exemplos

- **Vit**amina — substantivo. Grupo de substâncias essenciais à vida, presentes nos alimentos.
  'Muitos nutricionistas recomendam suplementos de **vitaminas** para enriquecer a dieta e melhorar a qualidade de **vida**.'
- **Viv**az — adjetivo. Cheio de energia, espírito e vida.
  'Sua personalidade brilhante e **vivaz** fazia dela um sucesso em todos os bailes.'
- **Viví**paro — adjetivo. Relativo a animal que pare filhotes.
  'Os seres humanos são criaturas **vivíparas**.'

Estudo de Caso — Notas para Palavras

A Dra. Agnes Chan e seus colegas da Chinese University de Hong Kong fizeram uma descoberta surpreendente: pessoas que tiveram aulas de música quando crianças têm uma memória verbal melhor. A equipe da Dra. Chan descobriu que as mulheres que tinham estudado música durante pelo menos seis anos, antes dos doze anos de idade, mas que não tinham a música como profissão, conseguiam resultados muito melhores em testes de memorização de palavras do que as mulheres que nunca tiveram aulas de música. A Dra. Chan acredita que a educação musical pode ajudar todo mundo, incluindo pessoas com danos cerebrais ou dificuldades de aprendizado, a melhorar a inteligência verbal.

Essas descobertas corroboram também nosso crescente conhecimento do fato de que cada uma de nossas inteligências ajuda, apóia e alimenta as outras. Neste caso, a Inteligência Criativa (associada à música) intensifica e melhora a Inteligência Verbal (memorização de palavras).

Estudo de Caso — Como Julgar a Inteligência de Estranhos?

Durante muitos anos, psicólogos e outros estiveram interessados na resposta a essa pergunta. Uma nova luz foi lançada sobre o assunto por Robert Gifford e D'Arcy Reynolds, da University of Victoria, no Canadá. Em sua pesquisa, procuraram descobrir quais os indícios que permitem uma avaliação do Q.I. e quais os indícios que não têm relação com ele.

Gifford e Reynolds fizeram uma gravação em vídeo que mostrava alunos do ensino médio respondendo perguntas que estimulavam a reflexão, como: 'Como você vê o futuro do meio ambiente do mundo inteiro?' Os alunos fizeram também testes de Q.I., cujos resultados foram registrados.

Os vídeos foram então mostrados a voluntários que se tornaram 'juízes de Q.I.'. Seguindo as instruções, esses juízes viram os vídeos, avaliaram o tipo físico de cada aluno e monitoraram vários indícios comportamentais, como fluência verbal, número de palavras diferentes que usavam, volume da voz. Terminada a tarefa, os juízes avaliaram o Q.I. dos alunos.

O resultado?

Os fatores não-relacionados ao Q.I. incluíam os seguintes: discurso hesitante, uso de gíria, dizer *humm*, excesso de peso corporal, falar alto. É interessante observar que vários juízes viram nessa última característica um sinal de inteligência!

Os fatores que os juízes consideraram indicadores de inteligência e que estavam relacionados ao Q.I. dos alunos do vídeo eram os seguintes: *discurso claro* e *de fácil compreensão, uso de muitas palavras, rapidez no falar*.

Essas descobertas sugerem que, exercitando essas três áreas, o Q.I. pode se elevar.

treino verbal

Quebra-cabeça Número 5

1. gazilooo _ X _ X _ _ X X
2. archam _ X _ _ X _
3. citrapra X X _ _ _ _ _ _
4. centocar _ X X _ _ X _ _

Pista: Valoriza a mente e o corpo _ _ _ _ _ _ _ _ _ _ _

Dica de Inteligência Verbal

- Quando seus olhos tiverem 'absorvido' as letras do quebra-cabeça, olhe para outra coisa!

Por quê?

Porque o cérebro tem uma 'tela interior', uma grande tela em branco que ele projeta na realidade externa e na qual também projeta a resposta — como uma lousa virtual, na qual você pode fazer anotações que o ajudem a resolver um problema.

É por isso que, muitas vezes, as crianças pequenas desviam o olhar quando alguém lhes pede para soletrar uma palavra. Não é porque não estejam prestando atenção, e sim porque sua atenção está voltada para essa tela interior de super-soluções.

Quando você continua a olhar para o quebra-cabeça com a visão normal, a 'tela pequena' continua em foco. A menos que tenha descoberto a resposta de imediato, é sempre melhor acionar a 'tela grande'.

Quebra-cabeça Número 6

Ignorância está para não saber assim como cognição está para ....

Surpreenda-se com o seu Próprio Conhecimento

Existe um jogo maravilhoso que você pode jogar com o dicionário e que vai ajudá-lo a se tornar mais confiante. Procure usar um dicionário completo e atualizado.

Começando pela primeira palavra do dicionário, vá contando quantas palavras você já conhece. Marque, no pé de cada página, o número de palavras conhecidas. Você pode fazer esse exercício diariamente ou semanalmente. Se preferir, pode fazer um bom número de páginas a cada vez que jogar (um banquete de palavras!). Você vai descobrir que conhece muito mais palavras do que pensava. Além disso, vai reencontrar muitas 'velhas amigas', que, por alguma razão, estavam esquecidas em algum lugar da sua memória. Você pode trazê-las novamente à vida, acrescentando-as ao seu total de palavras amigas.

À medida que for percorrendo as páginas, você será tentado a verificar as palavras que o atraem. Deixe-se seduzir! Visite-as e faça amizade com elas também!

Crie Palavras Novas que o Ajudem a Lembrar

Uma palavra ou frase pode ser um 'decodificador', permitindo à sua memória guardar, em perfeita ordem, dados que precisam ser lembrados numa determinada seqüência. É o caso da frase: **M**eu **v**elho **t**io **me** **j**ogou **s**obre **u**m **n**ovo **p**laneta. As letras iniciais de cada palavra são também as letras iniciais dos nomes dos planetas do sistema solar, na ordem correta (Mercúrio, Vênus, Terra, Marte, Júpiter, Saturno, Urano, Netuno e Plutão).

Compre um Tesauro

Como você já deve saber, foi o Dr. Samuel Johnson, uma das maiores Inteligências Verbais do mundo, que, no século XVIII, teve a idéia original de escrever um livro que listasse todas as principais palavras de uma língua, acompanhadas de significado, usos mais comuns e derivações históricas. Seu primeiro trabalho, *The Dictionary of the English Language*, deu origem aos dicionários modernos.

Algumas décadas depois, outro homem, Roget, teve outra idéia brilhante. Ele resolveu escrever um livro que também continha todas as palavras da língua inglesa, mas com uma diferença: em vez de trazer o *significado* de cada palavra, esse livro traria outras palavras com significado *semelhante*.

Então, se você estivesse escrevendo um romance, um discurso ou um poema, e quisesse fazer uma variação sobre o tema, esse livro lhe traria várias palavras de sentido semelhante. Esse livro é o *Roget's Thesaurus*. Quase todos os grandes escritores e pensadores o usaram, sendo ele uma ferramenta padrão para todos os que desejam melhorar a Inteligência Verbal e a capacidade de comunicação.

Vamos dar uma olhada em *alguns* dos verbetes de um tesauro para a palavra 'inteligência':

Inteligência, sabedoria: Capacidade Mental. SUBSTANTIVOS

1. inteligência, compreensão, apreensão, perspicácia; percepção, tino, bom senso, discernimento natural; **intelectualidade**, intelectualismo; **mentalidade**, racionalidade, poder intelectual; capacidade, calibre ou alcance mental; **Q.I.**, quociente de inteligência, nível mental, idade mental; sanidade, conhecimento.

2. **esperteza, brilhantismo, inventividade**, capacidade, aptidão, sabedoria inata; agudeza; sagacidade, acuidade; agilidade, vivacidade.
3. **sagacidade, astúcia**, discernimento, presença de espírito, intuição, finura, praticidade.
4. **sabedoria,** critério, perícia, boa compreensão; erudição.
5. **sensibilidade, racionalidade**, sanidade, sensatez, integridade; bom senso ou senso comum.
6. **gênio,** espírito, alma; **inspiração**, impulso criativo, inspiração divina; fogo do gênio, chama do intelecto, talento; pensamento criativo.

Seu tesauro e seu dicionário serão seus companheiros durante a vida inteira. Use-os regularmente para turbinar sua Inteligência Verbal.

Use suas Palavras Favoritas para Gerar Mais Palavras Favoritas

Faça uma lista das 10 ou 100 palavras de que você mais gosta. Primeiro, use o dicionário para verificar o sentido delas (e, especialmente, as derivações). Depois, vá ao tesauro e procure palavras com sentidos semelhantes aos de suas favoritas. Enquanto pesquisa, você encontrará muitas novas amigas, que também se tornarão favoritas e reforçarão seu vocabulário.

Aprenda Cinco Novas Raízes por Ano

Comprometa-se a aprender cinco novas raízes a cada ano. É simples. Você pode pesquisá-las de uma só vez ou ao longo do ano inteiro. Pode parecer pouco mas, em 10 anos, você terá aprendido 50 *novas raízes, que o ajudarão a gerar centenas de palavras novas.*

Procure Frases e Palavras Onomatopaicas

A onomatopéia, como você já sabe, é uma palavra ou frase que tem o som da coisa significada, como por exemplo: 'o zumbido de zilhões de abelhas'. Palavras e frases onomatopéicas acrescentam força e beleza ao vocabulário e ao poder de comunicação.

Estimulador do Poder Verbal Número 3

Este Estimulador do Poder Verbal se concentra em palavras que sugerem força e poder. Da mesma forma, seu uso acrescentará poder e força ao seu vocabulário e à sua Inteligência Verbal. Escolha a definição que achar mais próxima do significado de cada palavra. As respostas estão nas páginas 192-194.

1 INTRÉPIDO
- (a) Assustado
- (b) Intermediário
- (c) Forte
- (d) Destemido

2 INEXPUGNÁVEL
- (a) Sem expressão
- (b) Indestrutível
- (c) Infértil
- (d) De grande magnitude

3 INALTERÁVEL
- (a) Tipo de argumento
- (b) Incapaz de conversão religiosa
- (c) Que não se pode mudar
- (d) Mutável

4 SUPREMO
(a) Um sorvete
(b) Que foi suprimido
(c) Aquele que supre
(d) Que está acima de tudo

5 RIGOROSO
(a) Flexível
(b) Exigente; severo
(c) Repugnante
(d) Semelhante a corda

6 CONSUMADO
(a) Preocupado
(b) Que não foi examinado
(c) Sem limites; livre
(d) Acabado, perfeito

7 CLÍMAX
(a) Relativo a clima
(b) Temperatura muito fria
(c) O ponto culminante
(d) Relativo ao equador

8 SACROSSANTO
(a) O mais sagrado; inviolável
(b) Semelhante ao açúcar
(c) Necrotério
(d) Impossível; irrealizável

9 INATACÁVEL
(a) Que não se pode rebater com um taco
(b) Desagradável
(c) Que não merece censura, perfeito
(d) Extremamente agradável

10 CLARIM
(a) Claridade intensa
(b) Instrumento de sopro
(c) Produto de limpeza
(d) Um gongo

poder verbal II —
prefixos e sufixos

capítulo quatro

'Na medida em que a língua vive, a nação também vive.'

Provérbio checo

As palavras são poder. As palavras são riqueza. As palavras são seu Capital Intelectual, a moeda com que você se comunica, se relaciona com os outros, faz negócios, expressa toda a sua gama de sentimentos, do ódio ao amor, cria sua literatura pessoal, persuade, influencia, guia os outros e dirige sua vida.

Estudo de Caso — Inteligência Verbal e Sucesso Acadêmico

O Dr. Wilfred Funk reporta um experimento sobre vocabulário e sucesso acadêmico, que ele realizou com duas classes de alunos de escolas americanas. A idade e a formação dos dois grupos de alunos eram semelhantes e ambos eram amostras também semelhantes da comunidade local.

Uma das classes continuou com seu programa normal. A outra classe, o 'grupo experimental', recebeu aulas extras, em que teve um treinamento rigoroso para desenvolver o vocabulário e a Inteligência Verbal.

Como era de se esperar, os alunos que tiveram treinamento em Inteligência Verbal obtiveram notas mais altas nos exames de Inglês do que o 'grupo de controle'.

No entanto, o mais significativo foi que tiveram notas mais altas em *todas as outras matérias*, incluindo matemática e todas as ciências!

Melhorar a Inteligência Verbal teve um efeito positivo significativo sobre todos os aspectos do sucesso acadêmico.

Estudo de Caso — Poder Verbal, Chapéus e Meias!

O Dr. Funk reporta dois outros experimentos que demonstram o poder da palavra, sendo que os dois envolvem poder verbal e moda.

O primeiro experimento foi feito na seção de chapéus masculinos de uma loja. Dois balcões foram cobertos com a mesma quantidade de chapéus idênticos, da mesma confecção: nos dois balcões, os chapéus eram do mesmo modelo e das mesmas cores.

A única diferença entre os dois balcões é que um deles exibia um cartaz onde se lia 'Tirolês', enquanto no outro não havia cartaz nenhum.

Você acha que essa palavra afetou as vendas? Quanto?

O resultado foi surpreendente: os chapéus identificados com o cartaz venderam *três vezes mais*!

O segundo experimento, muito semelhante, foi feito com mulheres.

Dessa vez, os dois balcões foram cobertos com pares de meias de seda comuns, cor da pele, idênticas entre si.

Como no caso do experimento dos chapéus, os dois balcões eram idênticos, a não ser pelo fato de um deles exibir um cartaz onde se lia 'Gala', enquanto no outro não havia cartaz nenhum. As meias 'Gala' venderam *dez vezes mais*!

Guarde esses experimentos no banco de dados de sua Inteligência Verbal. Perceba o poder que suas palavras têm para influenciar os outros. E influenciá-lo também!

'As palavras são ganchos para pendurar idéias.'

(Henry Ward Beecher)

Uma única palavra ou frase pode multiplicar as vendas, recuperar um relacionamento rompido, inspirar uma nação, imortalizar um nome e mudar a história.

A poetisa inglesa Stevie Smith seria relativamente desconhecida se não fosse pelo brilhante final de um poema, que milhões de pessoas conhecem:

**'I was much too far out all my life
And not waving but drowning.'**
(Toda minha vida estive ao largo
Sem flutuar: afogando-me)

Em 1961, John F. Kennedy mudou o rumo da nação norte-americana e da espécie humana com sua declaração imortal, de que um norte-americano seria enviado à Lua no espaço de uma década:

'Acredito que a nação deve se comprometer a atingir a meta, antes que esta década termine, de fazer um homem pousar na Lua e trazê-lo com segurança de volta à Terra.'

Da mesma forma, o uso descuidado das palavras pode perseguir um homem pelo resto da vida. Muitos dos que estão lendo este livro sabem quem disse a frase: 'Eu não traguei.' Essa escolha infeliz de palavras vai assombrar Bill Clinton durante décadas.

Começos e Fins das Palavras

Você vai agora embarcar numa aventura parecida com aquela das Raízes. Só que, desta vez, vai explorar o universo dos Prefixos (início das palavras) e Sufixos (fim das palavras) — doze ao todo. Eles são como Raízes, que existem no início e no fim das palavras. Mais uma vez, você será entretido pelos romanos e gregos antigos. Eles vão ajudá-lo a desenvolver um vocabulário rico e robusto.

Aproveite a viagem!

Estudo de Caso — Vocabulário e Padrão de Q.I.

O grande guru do Q.I., Professor Lewis M. Turman, da Stanford University, propôs uma questão interessante. Ele queria saber se, sozinhos, os testes de vocabulário podem ser um indicador de inteligência tão eficaz quanto os testes completos de Q.I., que incluem também questões lógicas e matemáticas. E descobriu que o vocabulário, sozinho, é um indicador extremamente eficaz de sucesso acadêmico e profissional, e também de inteligência geral.

Prefixo Número 1

com- co-

Significa: com; junto (do latim)

'Este prefixo lhe permitirá fazer novas **conexões** entre palavras e compartilhá-las quando houver alguma **confraternização** de amantes da linguagem.'

Exemplos

- **Con**gresso — substantivo. Reunião, encontro.
  'Várias nações chamam de **Congresso** o local onde se reúnem seus principais políticos.'
- **Co**operação — substantivo. Ato ou efeito de atuar em conjunto.
  'A **cooperação** com a natureza é, comprovadamente, o melhor meio de sobrevivência.'
- **Con**sangüíneo — adjetivo. Que é do mesmo sangue, da mesma família biológica.
  'Para sua surpresa, os dois estranhos descobriram que eram parentes **consangüíneos**.'

Prefixo Número 2

din-

Significa: poder (do grego '*dinamis'*)

'Esse prefixo vai ajudá-lo a se tornar mais **dinâmico** no uso das palavras, a ponto das pessoas começarem a chamá-lo de "um verdadeiro **dínamo**!"'

Exemplos

- **Din**astia — substantivo. Uma linhagem especialmente poderosa de reis ou governantes.
  'O clã dos Kennedy, nos Estados Unidos, é um exemplo de uma moderna **dinastia** política.'
- **Din**amismo — substantivo. Poder, energia, espírito empreendedor.
  'Seu profundo conhecimento e sua paixão pelo tema tornavam seu discurso excepcionalmente **dinâmico**.'
- **Dín**amo — substantivo. Máquina rotativa que converte energia mecânica em elétrica.
  'Ele era cheio de energia — um verdadeiro **dínamo**!'

Prefixo Número 3

eu-

Significa: agradável; bom (do grego '*eus*')

'Este prefixo vai levá-lo a um estado de **euforia**, exclamando "**Eureca**!" sempre que descobrir uma nova palavra!'

Exemplos

- **Eu**femismo — substantivo. Uso de expressão mais agradável substituindo uma mais direta, mais dura.
  'Como não queria insultá-lo, ela usou a palavra "amplo" como um **eufemismo** para se referir ao seu corpo obeso.'
- **Eu**pepsia — substantivo. Boa digestão.
  'Dieta saudável, exercícios e bom humor promovem a **eupepsia**.'
- **Eu**fônico — adjetivo. Agradável ao ouvido, melodioso.
  'Deitados na grama num dia de primavera, os amantes ouviam a música **eufônica** da Natureza.'

Prefixo Número 4

fil-

Significa: amor (do grego '*philos*')

'Quando terminar de ler *O Poder da Inteligência Verbal*, você será um **filólogo**, pois terá se tornado um estudioso e um amante da linguagem.'

Exemplos

- **Fil**osofia — substantivo. Amor à sabedoria; estudo que se caracteriza pela intenção de ampliar incessantemente a compreensão da realidade.
  'Todos nós somos **filósofos** quando nos perguntamos qual o sentido de tudo isto.'
- **Fil**antropo — substantivo. Aquele que ama a humanidade.
  'Um dos maiores **filantropos** da História foi Andrew Carnegie, que acumulou uma fortuna quando jovem e depois passou o resto da vida colaborando para causas humanitárias.'

- **Fil**omático — substantivo. Amigo das ciências.
  'O **filomático** adorava descobrir coisas novas e incomuns.'

Prefixo Número 5

prim- prime-

Significa: primeiro (do latim *'primus'*)

'O objetivo **primordial** de *O Poder da Inteligência Verbal* é introduzi-lo no maravilhoso mundo das palavras!'

Exemplos

- **Prim**evo — adjetivo. Relativo aos tempos primitivos.
  'As florestas **primevas** existem hoje em forma de vestígios arqueológicos, carvão ou óleo.'
- **Prim**ata — substantivo. Mamíferos que incluem os macacos, os antropóides e os homens.
  'Estudos recentes sobre os outros **primatas** revelam que eles são muito mais inteligentes do que se pensava.'
- **Prim**azia — substantivo. Prioridade.
  'De acordo com a lei municipal, os idosos têm **primazia** no acesso aos ônibus.'

Prefixo Número 6

tra- trans-

Significa: para além de, através de (do latim)

'Este prefixo vai ajudá-lo na **tradução** de palavras estrangeiras. Fique atento a ele quando estiver em **trânsito** por outros países.'

Exemplos

- **Trans**cender — verbo. Ser superior a; elevar-se acima de.
  'Aquela música **transcendia** qualquer coisa que ela já ouvira.'
- **Trav**essia — substantivo. Ato ou efeito de transpor uma região, um mar, etc.
  'A nova ponte facilitará a **travessia** do rio.'
- **Trans**ação — substantivo. Combinação, ajuste; operação comercial.
  'Depois de muitas negociações, eles concluíram a **transação** com sucesso.'

Sufixo Número 1

-ável -ível

Significa: digno de, capaz de, com possibilidade de (do latim '- *aibilis'*, '- *ibilis'*)
'Este sufixo **incrível** vai lhe permitir expandir seu vocabulário de forma **palpável**, tornando suas conversas mais **agradáveis**.'

Exemplos

- Soci**ável** — adjetivo. Que tem Inteligência Social; que é dado à vida social.
  'Ele era uma pessoa **sociável**, o que o tornava querido por todos.'
- Comest**ível** — adjetivo. Que se come, que é bom para comer.
  'Maçãs, peras e bananas são frutas **comestíveis**.'
- Agrad**ável** — adjetivo. Que agrada; aprazível.
  'Coisas que apelam aos sentidos tendem a ser **agradáveis**.'
- Sustent**ável** — adjetivo. Que se sustenta; convincente.
  'Como seus argumentos eram perfeitamente **sustentáveis**, seu exame foi considerado excelente.'

Sufixo Número 2

-ico

Significa: da natureza de; próprio de (do grego '*ikos*')

'Este sufixo vem muitas vezes acompanhado de "-mente", o que afirmo **enfaticamente**!'

Exemplos

- Heró**ico** — adjetivo. Próprio de herói.
  'Foi um feito de proporções **heróicas**.'
- Majestát**ico** — adjetivo. Relativo a majestade; grandioso.
  'Ele entrou **majestaticamente** na sala.'
- Endêm**ico** — adjetivo. Peculiar a determinada população ou região.
  'O panda é **endêmico** na China.'

Sufixo Número 3

-dade

Significa: estado ou qualidade (do latim '*-itas*')

'Desenvolvendo sua **capacidade** verbal, você falará com mais **inteligibilidade**, **dignidade** e **autoridade**. Ninguém poderá acusá-lo de **ambigüidade** ou **absurdidade** verbal.

Exemplos

- Luminosi**dade** — substantivo. Qualidade de luminoso; brilho.
  'A nave espacial brilhava com uma **luminosidade** sinistra.'

- Eterni**dade** — substantivo. Qualidade de eterno; demora indefinida.
  'O infinito está para a distância assim como a **eternidade** está para o tempo.'
- Celeri**dade** — substantivo. Qualidade de célere; velocidade.
  'Ela falava com incrível **celeridade**, mas com igual clareza.'

Sufixo Número 4

-izar

Significa: fazer ou tornar-se (do latim '*-izare*')

'Esse sufixo vai **familiarizá-lo** com toda uma gama de palavras que o ajudarão a **enfatizar** suas idéias.'

Exemplos

- Memor**izar** — verbo. Guardar na memória; aprender de cor.
  'O Mapa Mental é uma ferramenta de raciocínio que o ajudará a **memorizar** tudo o que quiser aprender.'
- Magnet**izar** — verbo. Fascinar, encantar.
  'Minhas histórias fascinantes vão **magnetizá-lo**.'
- Foca**lizar** — verbo. Pôr em foco; salientar, evidenciar.
  'O palestrante **focalizou** os avanços mais recentes das ciências exatas.'

Sufixo Número 5

-ologia

Significa: estudo, ciência (do latim '*logia*')

'Com este sufixo e seu crescente conhecimento de outros sufixos, você já está a meio caminho de ser um **filólogo**.'

Exemplos

- Etn**ologia** — substantivo. Estudo dos chamados povos naturais.
  'Nos últimos anos, a **etnologia** se tornou uma ciência ainda mais popular, à medida que aumentou o interesse da humanidade por suas origens geográficas e raciais.'
- Eto**logia** — substantivo. Estudo do comportamento dos animais.
  'Em meados do século XX, os estudiosos perceberam que os animais são muito mais inteligentes e individualmente únicos do que antes se supunha. Assim, começaram a investigar e criaram a ciência chamada **etologia**.'
- Filo**logia** — substantivo — Estudo das palavras e línguas.
  'Ao ler *O Poder da Inteligência Verbal*, você está estudando **filologia**!'

Sufixo Número 6

-oso

Significa: provido ou cheio de (do latim '*-osus*')

'Com a Inteligência Verbal desenvolvida e sua **prodigiosa** fome de conhecimento, os outros vão achar **maravilhosa** a sua habilidade verbal.'

Exemplos

- Delici**oso** — adjetivo. Que causa delícia; muito agradável.
  'A refeição, preparada com grande requinte, foi uma das mais **deliciosas** que já tinham provado.'
- Misteri**oso** — adjetivo. Obscuro; secreto.
  'Os cientistas que estudam o Universo afirmam que, apesar de nosso conhecimento crescente, ele permanece **misterioso**.'

- Malcheir**oso** — adjetivo. Que cheira mal, fedorento.

'As crianças fizeram uma mistura **malcheirosa** na aula de química.'

treino verbal

Quebra-cabeça Número 7

1. dupetado _ X X _ _ _ _ _
2. dedabelir _ _ _ X _ _ X _ X
3. pessotar X _ X _ _ _ _ X
4. chistk X _ _ X _ X

Pista: Um consumado artista das palavras _ _ _ _ _ _ _ _ _ _ _ _

Dica de Inteligência Verbal

- Feche os olhos enquanto estuda o quebra-cabeça.

Por quê?

Mais uma vez, a resposta está na notável capacidade que o cérebro tem de criar uma tela virtual, desta vez dentro da cabeça. Quando os olhos estão fechados, o cérebro não precisa se ocupar com os dados visuais que jorram para dentro quando os olhos estão abertos. Assim, ele pode se concentrar melhor no quebra-cabeça e projetar a resposta correta na tela interior com mais rapidez. Esse súbito descanso dos olhos funciona como uma súbita liberação de energia (o que na verdade é), que é imediatamente direcionada à solução do problema.

Quebra-cabeça Número 8

Odiar a humanidade está para a misantropia assim como amar a humanidade está para a...

Estimulador do Poder Verbal Número 4

Desta vez, você vai pensar sobre pensar! Todas as palavras deste exercício dizem respeito a teorias sobre quem somos e por quê. Escolha a definição que você acha que mais se aproxima da correta entre as quatro opções apresentadas.

1 ATEU
- (a) Que crê na não-existência de Deus
- (b) Que não tem certeza a respeito de Deus
- (c) Que acredita em Deus
- (d) Que não dá importância a Deus

2 AGNÓSTICO
- (a) Que crê na não-existência de Deus
- (b) Que não tem certeza a respeito de Deus
- (c) Que acredita em Deus
- (d) Que não dá importância a Deus

3 ALTRUÍSTA
- (a) Que acredita num poder superior
- (b) Que pratica um tipo de alpinismo
- (c) Generoso; que tem amor ao próximo
- (d) Que acredita na honestidade

4 EGOÍSTA
- (a) Que acredita num único Deus
- (b) Que segue uma filosofia oriental
- (c) Lutador de uma luta medieval
- (d) Que tem apreço excessivo pelo próprio bem

5 EPICURISTA

(a) Especialista em tratamento dos pés
(b) Alguém dado aos prazeres da mesa
(c) Relativo a um método de cura
(d) Diz-se de um centro de atividade

6 FATALISTA

(a) Que faz qualquer coisa para vencer
(b) Que se esforça muito mais sempre perde
(c) Que desiste antes de tentar
(d) Que crê na irrevogabilidade do destino

7 LIBERAL

(a) Que defende a liberdade individual
(b) Que se libertou de necessidades mundanas
(c) Amante dos livros e da leitura
(d) Oficial militar de alta patente

8 CONSERVADOR

(a) Semelhante a liberal
(b) Ambientalista teórico
(c) Que acredita nas tradições familiares
(d) Agricultor

9 ESTÓICO

(a) Alienígena de fora do sistema solar
(b) Impassível ante a dor e a adversidade
(c) Que não gosta de gastar dinheiro
(d) Semelhante a epicurista

10 CHAUVINISTA
(a) Que defende a cultura francesa
(b) Que gosta de corridas de cavalos
(c) Que ama exageradamente o próprio país
(d) Cantor de canções francesas

cérebro e palavra —
use o poder do cérebro para desenvolver
o poder verbal

capítulo cinco

'Seu patrão tem um vocabulário maior do que o seu. Esse é um dos motivos de ele ser seu patrão.'

Dr. Wilfred Funk e Dr. Norman Lewis

Neste capítulo, vou apresentá-lo à surpreendente natureza das palavras e à sua incrível capacidade de se multiplicar, e de multiplicar também a Criatividade e a Inteligência Verbal.

A memória é vitalmente importante no desenvolvimento do vocabulário. Vou lhe mostrar como usar a sua memória para acelerar o desenvolvimento da Inteligência Verbal.

Depois, vou lhe mostrar como combinar o poder do lado esquerdo do cérebro com o do lado direito para fortalecer o vocabulário, e como combinar tudo o que aprendeu até agora, lendo *O Poder da Inteligência Verbal*, para criar essas ferramentas para pensar que são os Mapas Mentais.

a natureza multiordenada das palavras

Espero que você já tenha corrido ao dicionário para verificar o sentido e a derivação da palavra multiordenada! A derivação dessa palavra composta é a seguinte: o prefixo 'multi' vem do latim '*multus*', que significa 'muito' ou 'muitos'. A palavra 'ordenada' vem do latim '*ordine*', que significa 'ordem'.

Então, a natureza multiordenada das palavras se refere ao fato de elas não terem um só significado em nosso cérebro — elas irradiam a partir do centro com muitas ordens de significado.

Isso pode ser demonstrado?

Sim!

Na página 95, você vai encontrar a palavra 'Poder' no centro da página e, irradiando dela, dez ramificações. O mais rápido que puder, escreva com clareza, nas linhas, as primeiras dez palavras que lhe ocorrerem ao pensar na palavra 'Poder'. Se você estiver com amigos ou pessoas da família, peça-lhes para fazer o mesmo exercício, mas separadamente. Ninguém deve ver o que os outros fizeram até que todos tenham terminado o exercício. Faça isso agora, e depois continue a ler.

PODER

Eu fiz esse mesmo exercício, e o resultado está na página 97. Compare suas palavras com as minhas, observando quantas são idênticas (mesmo significado e mesma grafia).

Se estiver fazendo este exercício com amigos, cada um deve ter a sua vez para ler as palavras em voz alta. Enquanto cada um lê, todos anotam, de modo que, no fim, todos terão a coleção inteira das palavras. Veja quantas palavras são comuns a todos vocês ou a subgrupos.

De 1.000 casos, 999 terão *pouquíssimas* palavras em comum.

O que isso significa? Significa que o seu vocabulário é muito mais expansivo do que você pensava, que sua capacidade de fazer associações é potencialmente infinita (você poderia ter acrescentado dez outras associações a cada associação original, não é? E assim vai!).

Significa também que as suas associações são únicas e que a *sua capacidade de desenvolver o vocabulário e aumentar a Inteligência Verbal é infinita.*

Estudo de Caso — Traduza e Tome Cuidado!

O espantoso caráter multifacetado das palavras pode levar a equívocos hilários de tradução e compreensão. Uma reportagem recente da revista *New Scientist* trouxe alguns casos constrangedores:

Um leitor relatou que a estação de rádio *The Voice of America* costumava transmitir propaganda e notícias ocidentais ao Bloco Soviético. Depois, ouviam as retraduções, feitas nos diversos países, de suas transmissões. Uma das notícias era sobre a morte de uma antiga campeã de tênis, que tinha morrido em sua casa em Tooting, na cidade de Londres. Como, em inglês, o verbo *'toot'* significa 'toque de instrumento de sopro', a rádio búlgara noticiou que ela 'tinha morrido em Londres, em sua casa, tocando trompete!'

Outro leitor contou a história de um artigo técnico escrito em russo e traduzido por computador para o inglês. Confusos, os engenheiros que o leram não conseguiam entender a menção constante a 'bodes aquáticos' (*water goats*). Depois de muito pensar, desvendaram o mistério: os 'bodes aquáticos' eram 'carneiros hidráulicos' (*hydraulic rams*), máquinas para elevar água!

Esta última história lembra uma outra, também de uma tradução do inglês para o russo. 'Out of sight, out of mind', uma expressão em inglês que pode ser traduzida por 'Longe dos olhos, longe do coração', acabou virando 'maluco invisível', com 'out of sight' traduzido literalmente por 'fora do campo de visão' e 'out of mind' por 'fora de si'.

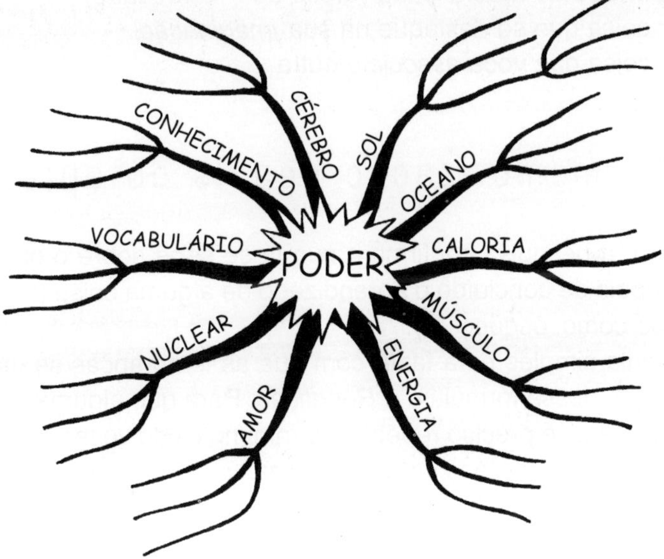

memória e inteligência verbal — memorização durante o aprendizado

As pesquisas da época de Hermann Ebbinghaus e William James, no final do século XIX, ao trabalho atual do Professor Guttmann, da Universidade de Viena, e ao meu, confirmam que os padrões de memória são estáveis, previsíveis e, o que é mais importante, *administráveis*.

A pesquisa confirma que, ao aprender, você tende a guardar melhor as seguintes coisas:

- Início do período de aprendizado (Efeito de Princípio)
- Final do período de aprendizado (Efeito de Proximidade)
- Qualquer coisa que se destaque na sua *imaginação*
- Qualquer coisa que você *associe* a outra

memória — memorização depois do aprendizado

Aqui, também, a pesquisa confirma o que já se sabe sobre o que ocorre com a memorização depois de concluído o aprendizado de alguma coisa (algumas pessoas se referem a isso como 'esquecer'!).

Há uma fórmula simples para fazer com que as lembranças se mantenham claras. A primeira parte dessa fórmula é a *Repetição*. Para que alguma coisa penetre na memória a longo prazo, é preciso repeti-la no mínimo cinco vezes. A segunda parte é o ritmo ou espaçamento dessas cinco repetições.

As repetições, ou recapitulações, devem ser espaçadas mais ou menos de acordo com a seguinte fórmula:

- Primeira repetição — depois de uma hora
- Segunda repetição — depois de um dia
- Terceira repetição — depois de uma semana
- Quarta repetição — depois de um mês
- Quinta repetição — depois de seis meses

Em seus estudos de Inteligência Verbal, essa fórmula faz a diferença entre o sucesso total e o absoluto fracasso.

os lados direito e esquerdo do cérebro

Há menos de 20 anos, quase ninguém tinha ouvido falar dos lados direito e esquerdo do cérebro. Agora, felizmente, isso faz parte do conhecimento global.

Resumindo: o lado esquerdo do cérebro está relacionado predominantemente com palavras, lógica, números, seqüência, linearidade, análise e listas. O lado direito está relacionado com ritmo, percepção espacial, dimensão, imaginação, devaneio, cor e percepção holística.

Você vai ver que as palavras pertencem, supostamente, ao lado esquerdo do cérebro. No entanto, esse não é o final da história. Como revelam alguns testes que medem as ondas cerebrais, o córtex inteiro de pessoas com alta Inteligência Verbal se ilumina quando elas são confrontadas com palavras. Em outras palavras, as palavras estão em toda parte! Isso vale especialmente no caso de poetas, escritores e Mestres da Memória.

O cérebro inteiro dessas pessoas se ilumina porque elas percebem que as palavras não são simplesmente palavras. As palavras são elas mesmas *mais as associações coloridas, rítmicas e espaciais que fazem parte de seu sentido total*!

mapas mentais

Os Mapas Mentais são exemplos perfeitos do princípio acima.

Eles são uma explosão do exercício com a natureza multiordenada das palavras, que você fez com a palavra 'poder'. Neles, o mais importante é que qualquer palavra ou imagem pode ser posta no centro da página e irradiar infinitamente.

Os Mapas Mentais® são também um reflexo exato dos princípios de Associação e Imaginação da Memorização Durante o Aprendizado. Na verdade, pode-se dizer que um Mapa Mental é uma rede *associativa* de imagens (*imaginação*) e palavras.

Além disso, os Mapas Mentais® incorporam todos os elementos dos lados esquerdo e direito do cérebro, dando a você o poder adicional da sinergia entre os dois lados (o princípio 1 + 1 = mais de 2)

Usando os Mapas Mentais® você aumenta significativamente a Inteligência Verbal. Há exemplos coloridos de Mapas Mentais® na seção de ilustrações.

treino verbal

Quebra-cabeça Número 9

1. etia _ X _ _
2. oneval X X _ _ _ _
3. lairomem _ _ _ X X _ _ _
4. dacoledi X X X _ _ _ _ _

Pista: O cérebro do milênio _ _ _ _ _ _ _ _

Dica de Inteligência Verbal

- Olhe para as letras embaralhadas com 'foco difuso'.

Por quê?

Porque o foco difuso permite que o cérebro paraconsciente trabalhe o problema.

Foco difuso é quando você 'relaxa os olhos', como se estivesse cansado demais para manter o foco, ou como se estivesse 'olhando além' das letras à sua frente. Quando você faz isso, as letras ficam um pouco nebulosas e tendem a oscilar no seu campo visual. Isso as tira da ordem rígida que obedecem na página e permite que o cérebro brinque com elas muito mais livremente. Com isso, é muito mais provável que a resposta 'apareça de repente'. Isso acontece também porque o cérebro, ao examinar as imagens nebulosas que surgem, consegue enxergar padrões para as letras que oscilam diante de seus olhos.

É uma situação paradoxal — que merece alguma reflexão — que, neste caso, a clareza o afaste da resposta correta, enquanto a nebulosidade lhe dá clareza!

Quebra-cabeça Número 10

Qual delas não pertence ao conjunto?

- NIOGÊNITOR
- ILHOÉ
- GRIET
- IXONOIGÊ

Entenda o Entendimento e o Desentendimento!

Da próxima vez que você tiver uma divergência com um amigo ou colega, lembre-se da natureza 'multiordenada' das palavras. Em vez de interpretar a situação partindo exclusivamente de suas próprias associações verbais e ficar estressado com isso, acalme-se e comece a explorar o universo de associações da *outra pessoa*.

Em mais de 90 por cento das vezes, você não vai apenas descobrir que a divergência era compreensível, mas vai entender o valor do seu ponto de vista e o do ponto de vista da outra pessoa. Isso é muito mais produtivo, fomenta a Criatividade e causa muito menos dor do que o pressuposto unilateral (e verbalmente pouco inteligente) de que você está absolutamente certo!

Uma das melhores maneiras de explorar as divergências é pensar em conjunto com a ajuda de Mapas Mentais®. Primeiro, faça um Mapa Mental® de um dos lados da 'discussão', depois um Mapa Mental® do outro lado. Esses dois Mapas Mentais® vão ajudá-lo a explorar objetivamente as diferenças. Com isso, será possível criar um terceiro Mapa Mental®, que resuma as conclusões de todos e o que cada opinião tem de melhor!

Essa abordagem reduz os níveis de stress, fazendo com que todos se mantenham mais animados e saudáveis.

Use os Princípios da 'Memorização Durante o Aprendizado'

Aplique os Princípios da 'Memorização Durante o Aprendizado' para melhorar ainda mais sua Inteligência Verbal:

- Estude em períodos de 20 a 40 minutos para maximizar sua memorização e os Efeitos de Princípio e de Proximidade.
- Procure ativamente novas associações entre as palavras, usando técnicas de Mapa Mental® e troca de idéias.
- Faça com que as novas palavras aprendidas se 'destaquem' no cérebro, falando-as em voz alta, escrevendo-as em letras grandes ou destacando-as como puder.

Use os Princípios de 'Memorização Depois do Aprendizado'

Aplique os Princípios de 'Memorização Depois do Aprendizado' para melhorar e manter seu Poder Verbal.

Anote na agenda as datas em que trabalhará especificamente sua Inteligência Verbal, assim como as datas em que planeja fazer sessões especiais de revisão, sozinho ou com amigos. Faça com que as datas de estudo e revisão combinem perfeitamente com os Princípios de Memorização Depois do Aprendizado, explicados na página 98. Com isso, você aproveitará em dobro o tempo que dedica ao desenvolvimento da Inteligência Verbal.

Destaque as Palavras-Chave

Ao ler qualquer coisa, vá destacando as palavras importantes com um marcador de texto ou com algum recurso do computador. Com isso, você aproveita os benefícios do Efeito von Restorff, favorece a memória e a capacidade de 'entrar em ação' com suas novas palavras.

O princípio do Efeito von Restorff é o seguinte: o cérebro guarda com muito mais facilidade as coisas incomuns ou engraçadas do que as coisas sem graça. É assim que funcionam os Mapas Mentais®.

Use a Imaginação e os Sonhos!

Aplique sua capacidade de 'Imaginar' e 'Sonhar', própria do lado direito do cérebro, no desenvolvimento da Inteligência Verbal. Ocasionalmente, sonhe acordado, vendo-se em situações em que sua habilidade verbal leva ao limite o seu potencial verbal. Imagine-se escrevendo cartas, poemas, relatos e romances maravilhosos; imagine-se fazendo discursos que magnetizam pela excelência verbal; imagine-se na TV, empolgando milhares de pessoas com sua vivacidade e eloqüência.

Quando você sonha acordado com um intento, é maior a probabilidade do sonho se realizar. E é divertido!

Você pode também usar a imaginação para melhorar a compreensão e a memorização de novas palavras. Vamos imaginar que você não entenda direito a palavra 'suntuoso'.

Para memorizar essa palavra, em vez de simplesmente decorar a definição do dicionário, *imagine* todos os tipos de situações gloriosas a que a palavra 'suntuoso' se aplique — ambientes ricos e luxuosos como os das *Mil e Uma Noites*, ou festas nos castelos e palácios de líderes mundiais. E não fique só devaneando — ponha-se no cenário! Isso é muito mais eficaz e muito mais divertido!

Tenha sempre em mente que cada palavra é uma combinação de sua derivação, grafia e definição do dicionário, *mais* o enorme depósito de associações imaginativas, coloridas, rítmicas e outras tantas.

Com isso, seu vocabulário vai crescer em tamanho e riqueza.

Use Cores e Ritmos

Como o lado direito do cérebro tem uma grande capacidade de processar 'cores' e 'ritmos', use-o para desenvolver a Inteligência Verbal. Imagine cores associadas ao significado das palavras; imagine as palavras como cores; sublinhe suas anotações em cores diferentes, uma para cada propósito (por exemplo: vermelho para ação; azul para idéias que ocorreram depois, etc.), e destaque-as da mesma maneira. Essas são técnicas do lado direito do cérebro que você pode usar para aumentar seu Poder Verbal.

Da mesma forma, é possível aplicar ritmos e rimas à aquisição de novas palavras. As crianças pequenas gostam tanto de canções de ninar porque elas lhes dão uma dose dupla de ritmo e rima, tornando o 'jogo de aprender' muito mais fácil e divertido.

Os grandes poetas acrescentam poder às mensagens que querem transmitir usando o ritmo apropriado e rimas de impacto. Um bom exemplo é *Childe Harold's Pilgrimage* (*Peregrinação de Childe Harold*), de Lord Byron, no qual ele compara o tremendo poder do oceano ao poder alardeado, mas muito menor, dos navios:

Roll on, thou deep and dark blue Ocean — roll!
Ten thousand fleets sweep over thee in vain.

(Balança, escuro e profundo Oceano — balança!
Dez mil esquadras avançam em vão sobre ti.)

Faça um Mapa Mental do Seu Progresso

Pegando um ou dois temas de cada um dos quatro primeiros capítulos do livro, crie um Mapa Mental® que resuma o que você aprendeu até agora e o progresso, geral e específico, de sua Inteligência Verbal. Você vai ficar impressionado consigo mesmo! Seu Q.I. verbal está em alta!

Estimulador do Poder Verbal Número 5

Vamos insuflar de espírito o seu vocabulário, além de ampliá-lo. Vou apresentá-lo a palavras baseadas nas raízes latinas '*anima*', que significa mente, respiração, alma ou espírito, e '*magnus*', que significa grande. Mais uma vez, escolha a definição que achar mais próxima da correta entre as quatro opções apresentadas (respostas nas páginas 195-196).

1 ANIMAR
(a) Agir como um animal
(b) Ficar fora de si
(c) Silenciar
(d) Dar vida

2 UNÂNIME
(a) Um animal

(b) Em total desacordo
(c) Proveniente de acordo comum
(d) Que é quase sempre aceito

3 MAGNÂNIMO
(a) Generoso e clemente
(b) Grande e poderoso
(c) Com magnetismo animal
(d) Animal extinto

4 EQUANIMIDADE
(a) Relativo ao Equador
(b) Semelhança entre espécies
(c) Animal aquático
(d) Calma; serenidade

5 ANIMADVERSÃO
(a) Imprudência
(b) Desfile de animais
(c) Repreensão severa
(d) Sublevação geral

6 MAGNATA
(a) Metal que atrai metal
(b) Pessoa importante, poderosa
(c) Pessoa alta e gorda
(d) Prédio grande e majestoso

7 MAGNÍLOQUO

(a) Que usa linguagem floreada; eloqüente
(b) Pessoa que fala o que não deve
(c) Líquido magnético
(d) Pessoa que fala mal dos outros

8 MAGNIFICÊNCIA

(a) Campo de atração de um magneto
(b) Grandiosidade; suntuosidade
(c) Aristocrático
(d) A parte principal

9 MAGNUM OPUS

(a) Garrafa grande de champanhe
(b) Grande homem de negócios
(c) Construção gigante
(d) Obra de arte muito importante

10 MAGNIFICATÓRIO

(a) Sala do patrão
(b) Prédio suntuoso
(c) Relativo a um ímã muito potente
(d) Que engrandece; glorificador

Mapa Mental® — Resumo do Capítulo 2

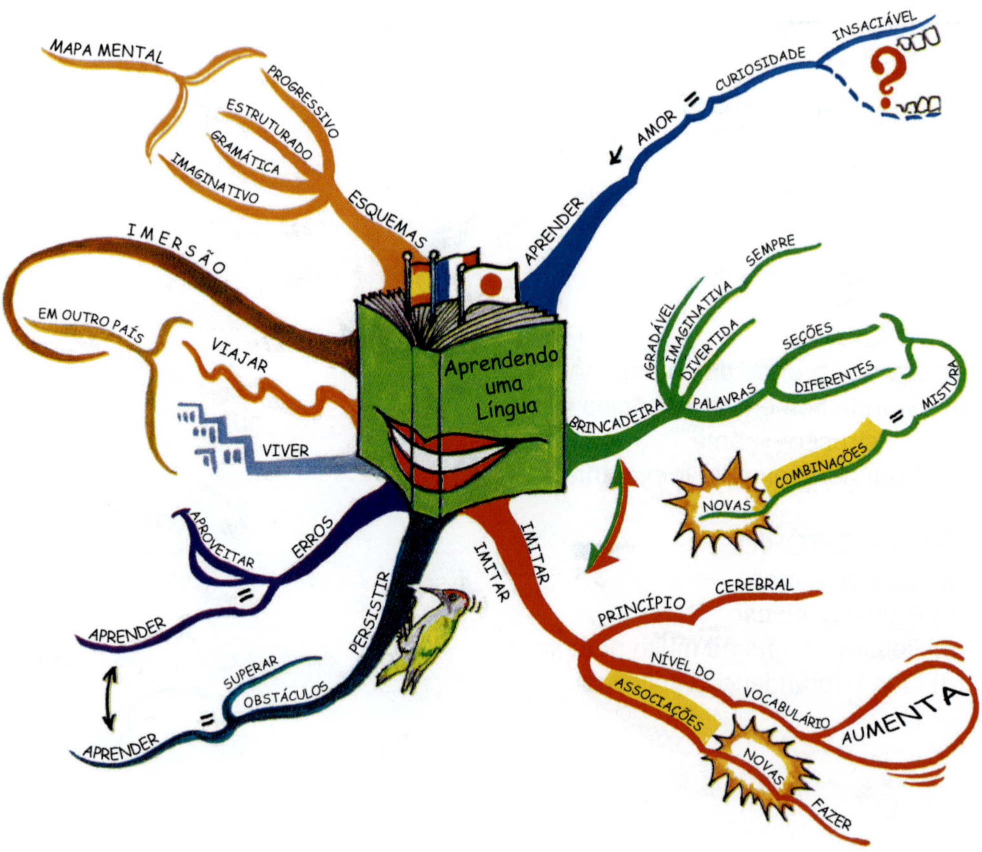

Mapa Mental® — Resumo do Capítulo 3

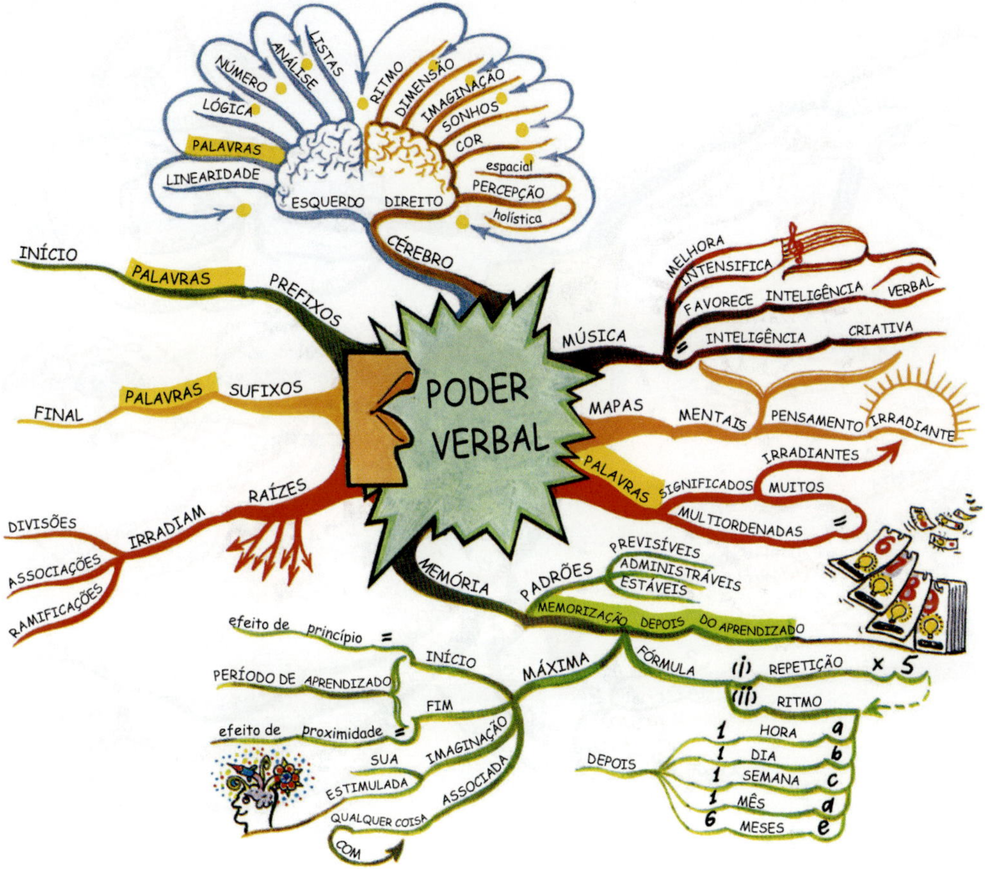

Mapa Mental® — Resumo do Capítulo 4

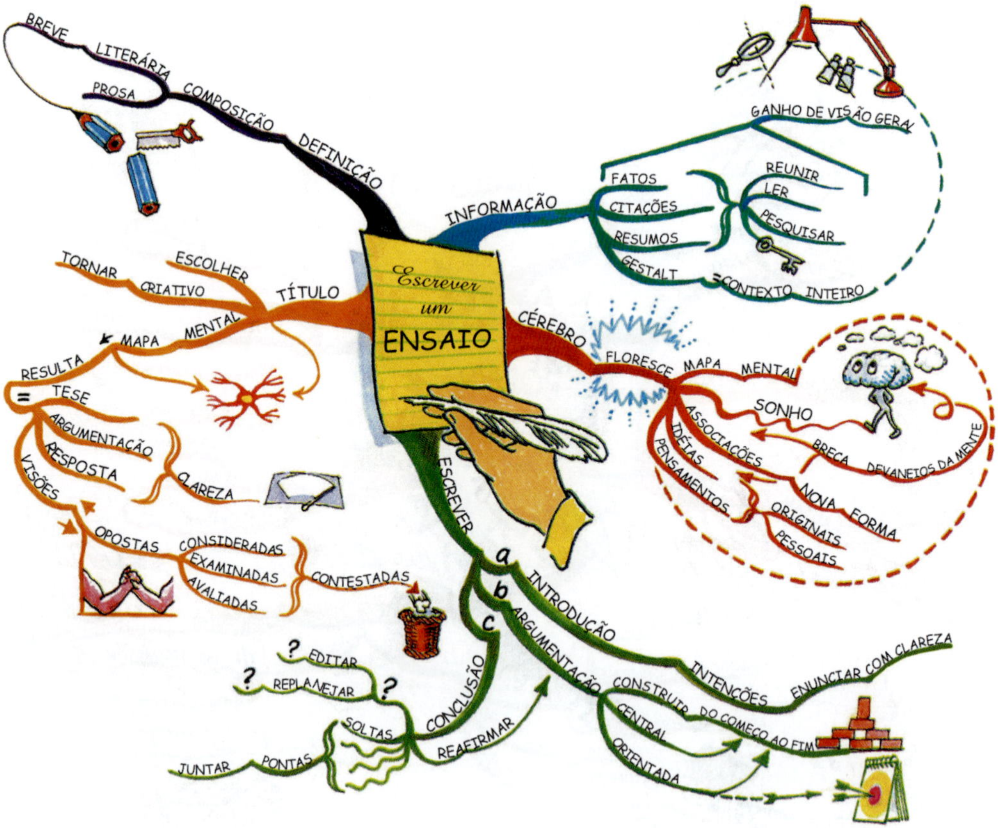

Mapa Mental® — Resumo do Capítulo 5

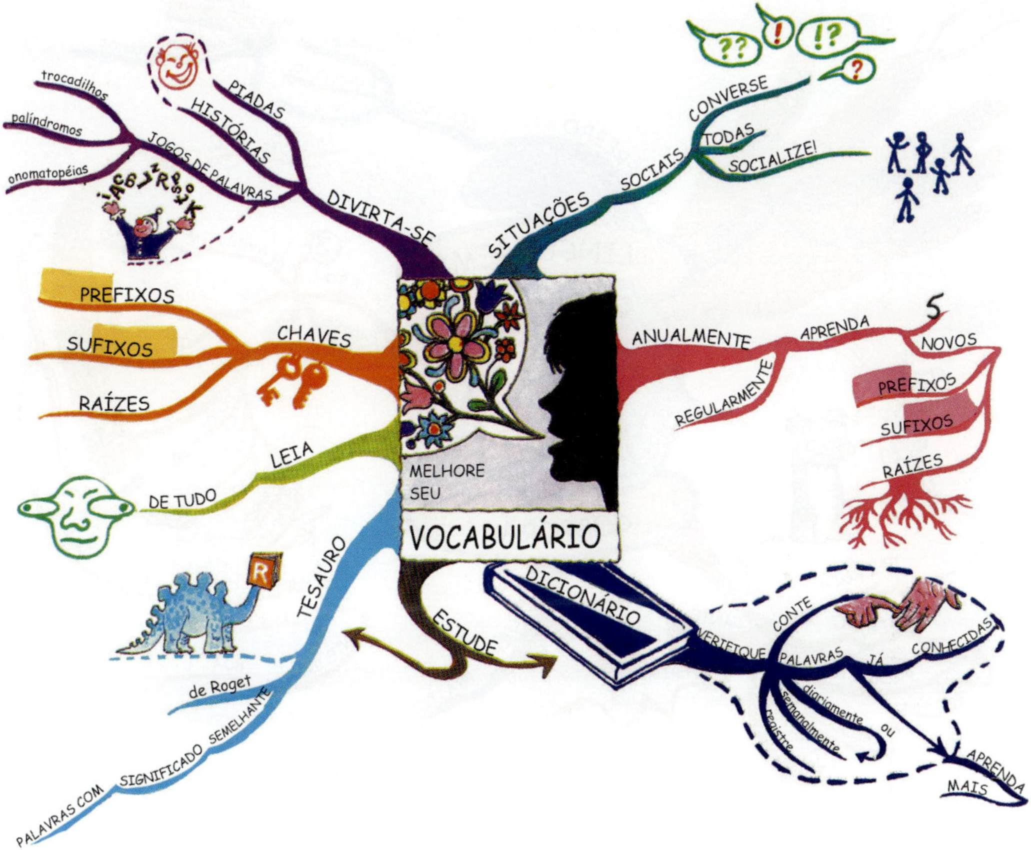

Mapa Mental® — Resumo do Capítulo 6

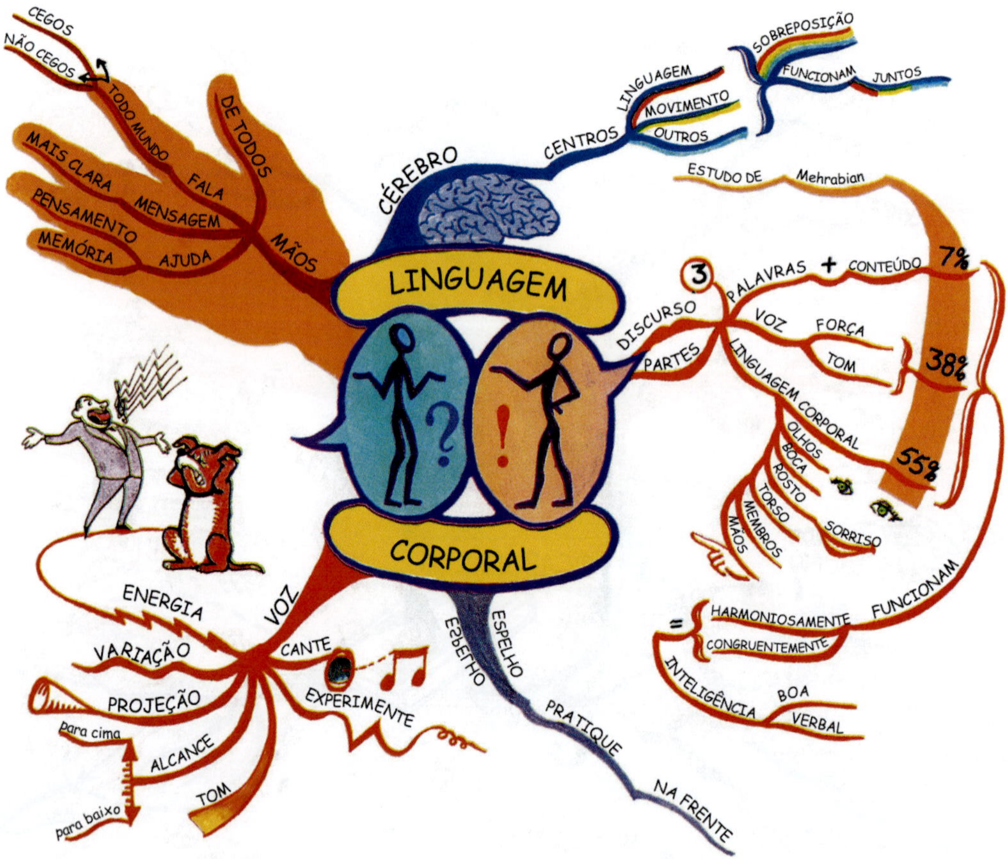

Mapa Mental® — Resumo dos Capítulos 7 e 9

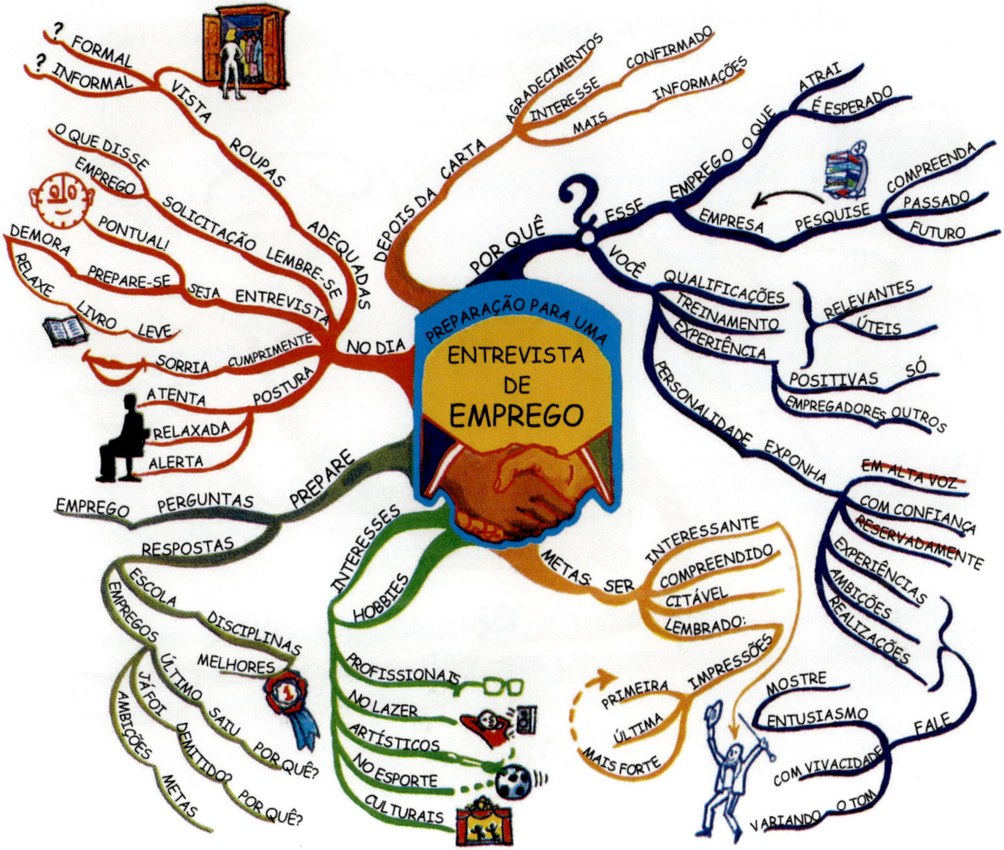

Mapa Mental® — Resumo do Capítulo 8

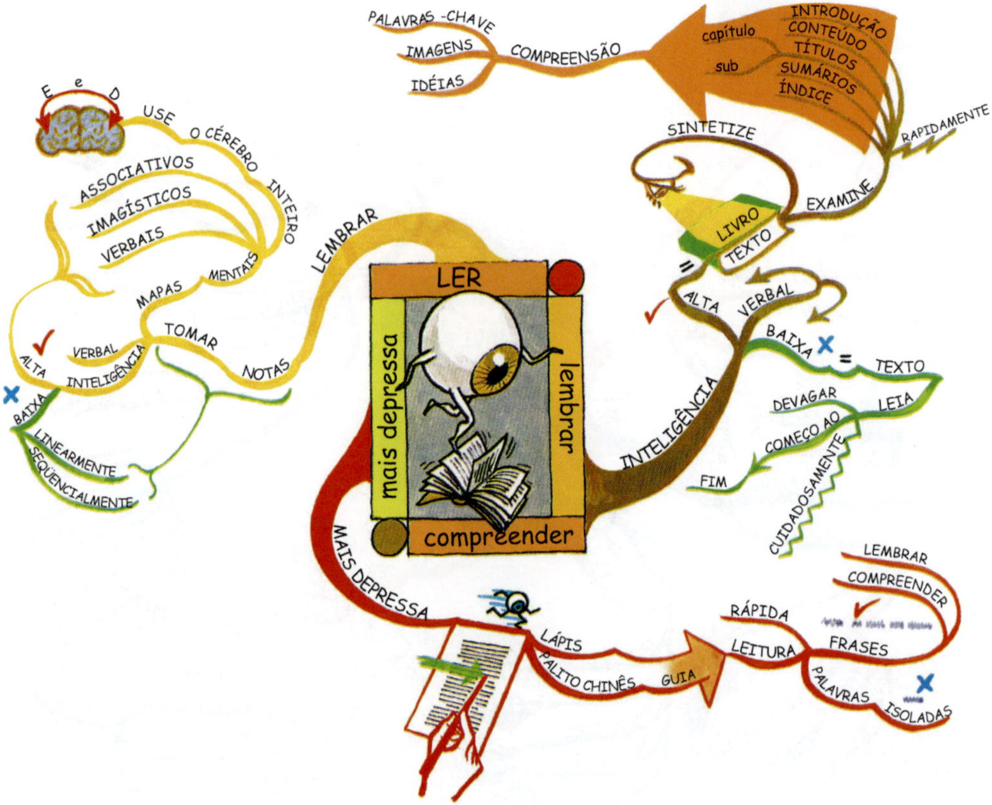

Mapa Mental® — Resumo do Capítulo 10

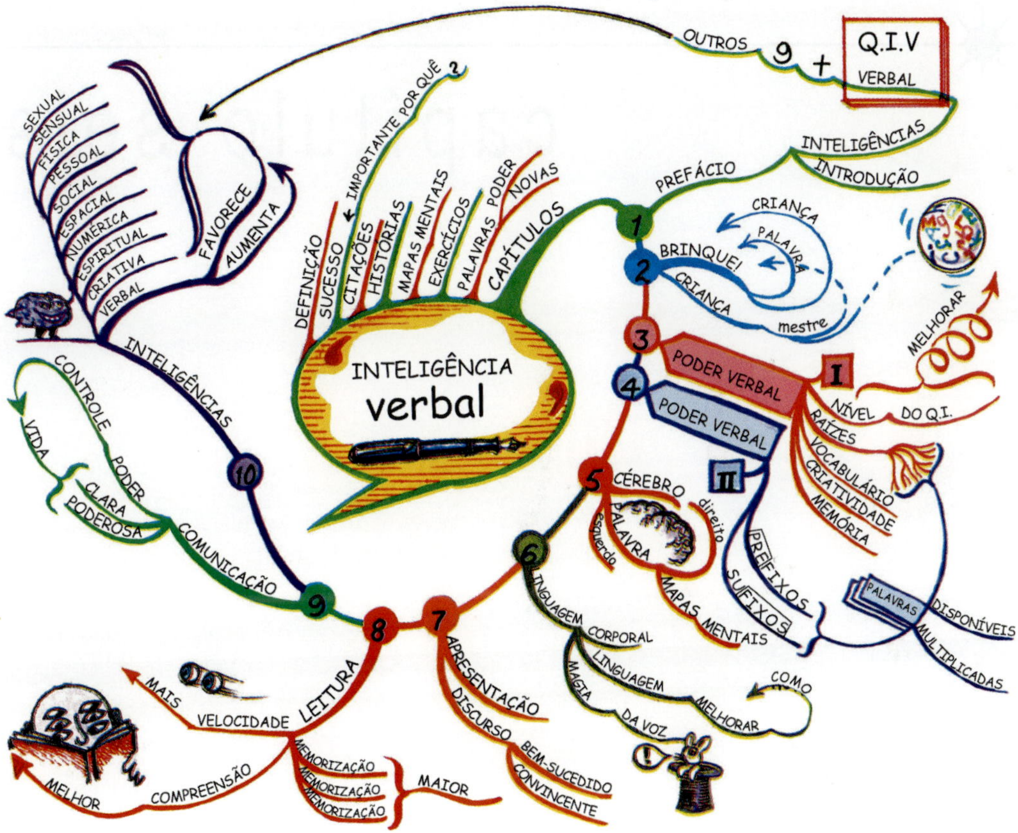

Linguagem corporal —

linguagem corporal e como melhorá-la

capítulo seis

'Que seu critério seja seu mestre: ajuste a ação à palavra, a palavra à ação.'

William Shakespeare, ***Hamlet***

'Quem sabe que o poder aí está... quem se dá conta disso, lança-se sem hesitação sobre o pensamento, instantaneamente se apruma, fica em posição ereta, comanda seus membros, faz milagres.'

Ralph Waldo Emerson

O corpo é uma parte importante da Inteligência Verbal!

Essa afirmação pareceria ridícula há alguns anos. Agora, no entanto, com o conhecimento que temos de nossas múltiplas inteligências, que se completam entre si, entendemos finalmente que muito nos prejudicamos ao separar do corpo a Inteligência Verbal.

Vamos agora acabar com essa separação!

A parte principal da Inteligência Verbal, a parte falada, tem o corpo como constituinte básico.

Quando você expressa sua Inteligência Verbal com palavras faladas, essa expressão não tem apenas uma parte, mas três:

1. As palavras e seu conteúdo
2. A voz, sua força e tom
3. O corpo e sua linguagem

A perfeita expressão da Inteligência Verbal ocorre quando esses três elementos funcionam em perfeita harmonia e são completamente congruentes.

Quando não são congruentes, a Inteligência Verbal fica literalmente desintegrada e fraca.

o som do silêncio

Albert Mehrabian, na obra *Silent Messages*, faz um estudo fascinante sobre a relação entre os três elementos da Inteligência Verbal falada.

Mehrabian observou que, *especialmente quando havia incongruência na mensagem*, os que a recebiam avaliavam sua veracidade ou falta de veracidade dando a seguinte ênfase a cada um dos elementos:

Por que Mehrabian chegou a esse incrível resultado?

Palavras e conteúdo	7%
Tom e energia da voz	38%
Corpo e sua linguagem	55%

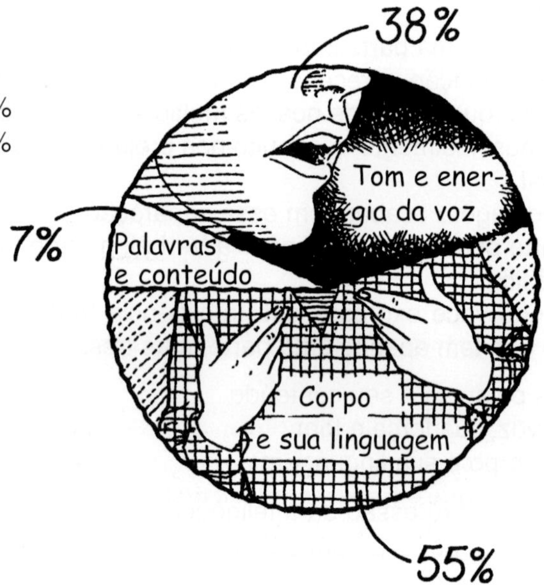

Porque seu público — as pessoas a quem se dirige sua Inteligência Verbal — sabe que o corpo mostra o que a imaginação concebe e os seus verdadeiros sentimentos. Da mesma forma, o tom de voz também revela o que você está imaginando e sentindo.

Suas palavras podem esconder o que você está sentindo. Isso é bastante possível. Mas é muito mais difícil falsificar a linguagem com o corpo, a energia e o tom de voz.

Na verdadeira Inteligência Verbal, em sua manifestação falada, a imaginação inflama o corpo e a voz para que esses dois instrumentos magníficos acrescentem sentido, peso e densidade ao esqueleto das palavras isoladas.

Nessa situação, é impossível dividi-los em porcentagens, pois todos os elementos se tornam um só todo.

Estudo de Caso — O hábito de falar com as mãos

Por que em qualquer lugar do mundo, seja qual for sua nacionalidade, língua, sexo e idade, todas as pessoas falam com as mãos? Jana Iverson, da Indiana University, em Bloomington, e Susan Goldin-Meadow, da University of Chicago, decidiram descobrir por que usamos tanto as mãos quando falamos uns com os outros.

Provavelmente, aprendemos a gesticular imitando nossos pais e outras pessoas. Iverson e Goldin-Meadow testaram essa idéia com uma experiência engenhosa, feita com 12 jovens, entre 8 e 18 anos, sendo que metade deles eram cegos de nascença. A tarefa proposta era simples: derramar numa tigela larga e baixa a água de um copo alto e delgado. Terminada a tarefa, pediram que comentassem, em detalhes, se a quantidade de água tinha ou não mudado durante o procedimento. As respostas dos jovens foram todas gravadas em vídeo.

Embora todos dissessem que a quantidade de água não tinha mudado, um fato extremamente interessante emergiu da observação das respostas gravadas. Para expressar suas idéias em palavras, os que tinham a visão perfeita usaram gestos como curvar a mão em forma de 'C' para indicar o ato de pegar o copo, e variar a distância entre as mãos para descrever a forma dos recipientes.

Mas, para a surpresa de todos, os cegos usaram os mesmos gestos, com a mesma freqüência e precisamente do mesmo jeito!

Isso sugere que a imitação não explica sozinha os movimentos das mãos. A questão era agora buscar a verdadeira explicação, e a possibilidade seguinte era que usamos os gestos como apoio audiovisual para passar mais informações e dar mais ênfase às palavras faladas. Para verificar essa teoria, as duas pesquisadoras imaginaram outra experiência engenhosa nas mesmas linhas.

Desta vez, quatro cegos fizeram uma experiência semelhante à primeira. Só que, desta vez, quem colocou a questão também era cego e os quatro participantes sabiam disso.

Para surpresa geral, o vídeo mostrou que as quatro pessoas gesticulavam como na outra experiência, embora soubessem perfeitamente que os gestos não as ajudariam a transmitir a mensagem a outro cego.

Isso sugeria uma outra explicação para o uso que fazemos das mãos, e as duas pesquisadoras partiram para a investigação. Desta vez, os participantes examinaram uma caricatura e depois a descreveram, sendo tudo gravado em vídeo. As pessoas de um grupo descreveram a caricatura com as mãos livres e as do outro grupo a descreveram sentadas sobre as mãos. Mais tarde, os participantes foram convidados a descrever novamente a caricatura e isso revelou o seguinte: os que gesticularam durante a primeira descrição tinham lembranças muito mais claras. Isso sugere que mexer as mãos ao falar é um método de comunicação com nossos ouvintes e com nós mesmos!

Quando gesticulamos, o corpo ajuda o cérebro a esculpir as palavras e a esclarecer seu significado, além de ajudar as pessoas a pensar e a lembrar.

O corpo é incrível como instrumento para expressar a Inteligência Verbal. Os olhos, a boca e os músculos faciais oferecem infinitas combinações de sentido às palavras.

Do mesmo modo, o torso e os membros acrescentam uma vasta gama de possibilidades, dando mais volume às palavras.

Finalmente, as mãos, instrumentos geniais, nos permitem pintar infinitos quadros e esculpir infinitas esculturas para apoiar as palavras.

Estudo de Caso — Cérebro e Corpo em Sincronismo

A Dra. Elizabeth Bates, cientista da área do conhecimento na University of California, em San Diego, descobriu que muitos estudos do cérebro humano mostram uma sobreposição dos centros da linguagem, do movimento e do controle físico, e de outras regiões cerebrais. Diz ela: 'Não é à toa que encontramos tantos exemplos de como [essas diferentes regiões do cérebro] viajam juntas.'

sua voz

Sua voz emana do mais incrível instrumento musical já concebido. Uma obra-prima com bilhões de facetas, capaz de falar miríades de línguas, imitar qualquer sotaque, cantar canções maravilhosas e variadas, além de variar com incrível fineza seu tom, seu alcance, sua energia e sua projeção.

Tudo isso faz parte da Inteligência Verbal!

É essencial, portanto, que você cuide desse instrumento incrível e aprenda a tocá-lo bem.

Mas, antes, leia esta divertida história real, que ilustra esse ponto.

Posso lhe Vender um Barco?

Na Suécia, um jovem desastrosamente tímido tinha começado a trabalhar como vendedor de barcos, com uma incomum falta de sucesso. Eu lhe pedi para me mostrar como usava sua Inteligência Verbal em situações de vendas, e ele concordou.

Explicou que vendia barcos de três tamanhos: barcos pequenos, barcos médios e barcos muito grandes (com mais de 100 metros).

Sua voz era monótona, murmurada, baixa e sem energia.

O mais interessante (e divertido) é que sua linguagem corporal não era apenas ausente: era contraditória!

Ao descrever os barcos pequenos, o único gesto que usou foi erguer as mãos e indicar o tamanho, como você indicaria o tamanho de um peixe que pescou. O tamanho que ele demonstrou era equivalente à largura do seu corpo. Ao descrever os barcos de tamanho médio, ele sacudiu as mãos para cima e para baixo e depois aproximou-as um pouco mais!

Quando começou a descrever os barcos enormes, sacudiu as mãos mais uma vez e as aproximou mais ainda! Quando acabou de falar dos barcos grandes, suas mãos estavam quase em posição de oração!

Seu nível de Inteligência Verbal estava chegando a um número negativo!

A Inteligência Verbal se eleva com o grau de congruência entre corpo, voz e palavras. E afunda, como um barco desprezado, quando está desintegrada.

Em geral, a razão para essa desintegração pode ser encontrada nas palavras que usamos para nos ajudar a pensar. Essas palavras e imagens têm um impacto imediato sobre o corpo e a voz.

Pense que você está se sentindo feliz, realizado e positivamente direcionado a uma boa meta. Com tais pensamentos, a postura do corpo melhora e, com ela, sua presença geral. Pensamentos melancólicos, deprimentes e negativos fazem com que o corpo assuma uma postura caída, perdendo energia e presença.

Cria-se uma fascinante espiral:

Quando você pensa com palavras positivas, os instrumentos que conduzem sua Inteligência Verbal falada ficam mais energizados, alertas e prontos a dar corpo às palavras. Quando isso ocorre, a Inteligência Verbal imediatamente se eleva. Seu público também vai ficar mais energizado e lhe dar um *feedback* positivo. Isso aumenta sua energia, melhora sua postura...

Para aumentar a Inteligência Verbal, você precisa combinar pensamentos positivos, saúde física, linguagem corporal, uma voz multidotada e palavras.

Outro Treino Verbal vai ajudá-lo a criar esse pacote completo de Q.I. verbal!

Treino Verbal

Quebra-cabeça Número 11

1. rabez X _ X _ _
2. ygianyn X _ _ _ _ X X _
3. trosa X _ X _ _
4. iduno X X _ _ _

Pista: Pensa que você é um gênio. _ _ _ _ _ _ _ _ _ _

Dica de Inteligência Verbal

- Descanse/durma sobre o problema

Por quê?

Porque, como você aprendeu no Capítulo 1, na primeira Dica de Inteligência Verbal, quando se trata de solucionar problemas, o cérebro é uma incubadora gigante. Quando técnicas 'imediatas' não trazem a solução, permita que o cérebro paraconsciente trabalhe nela em paz. Não se atormente e nem se preocupe — isso só faz com que o cérebro paraconsciente se retraia. Deixe rolar: como um duende da sorte, ele trabalhará a seu favor.

Todo mundo já observou esse fenômeno — em provas escolares, diante de uma pergunta manhosa numa entrevista de emprego, ou simplesmente quando uma resposta rápida se faz necessária. Esse é o tipo de situação em que você sabe que sabe a resposta ou frase que procura, só que ela não lhe vem à cabeça.

Por mais que tente encontrar a resposta, ela não vem. E então, só para irritar, quando você põe o pé fora da sala da prova ou da entrevista, ou assim que a outra pessoa se afasta, a resposta aparece!

Isso já aconteceu com você? Se não aconteceu, você é um em cem porque, para 99 por cento da população, isso é comum. Se já aconteceu, é porque você, como a grande maioria das pessoas, não sabia como encontrar seu *duende da sorte*.

Agora você já sabe!

Quebra-cabeça Número 12

O círculo está para o globo assim como o quadrado está para o....

Estude sua Voz

Estude e observe sua própria voz para melhorar os recursos que ela tem. Lembre-se: a voz é um instrumento musical e de Inteligência Verbal e só você pode melhorar todas as suas qualidades.

Usando fitas gravadas, *feedback* de amigos, gravações em vídeo e percepção de si mesmo, avalie o seguinte, com relação à sua voz:

- Nível de energia geral
- Variação
- Projeção
- Alcance (alto ou baixo)
- Tom (suave/caloroso/duro/frio, etc.)
- Qualidade geral do som

Dê a si mesmo uma nota de 1 a 10 em cada uma dessas áreas e comece o processo de melhorar o que precisa melhorar.

Alternativamente, entre para um grupo de teatro amador — perfeito para desenvolver a parceria da voz com a linguagem corporal!

Sorria!

Sorria para si mesmo e para os outros. As pesquisas confirmam que, quando sorrimos para os outros, eles sorriem para nós. Além disso, quando sorrimos, o corpo libera substâncias químicas positivas e fica mais equilibrado. Isso leva a uma atitude mais positiva e, portanto, a pensamentos com vocabulário mais positivo. Aumente ainda mais esse poder 'sorrindo para si mesmo', dando a si mesmo uma radiância interior.

Cada vez mais, as empresas estimulam seus funcionários a falar ao telefone sorrindo. Com isso, quem atende fica mais relaxado e quem está chamando 'ouve' o sorriso, o que inaugura um estado de espírito mais animado e positivo! Perfeito para serviços de atendimento telefônico ao consumidor!

Sorria que o mundo lhe sorri!

Sorria que sua Inteligência Verbal se desenvolve!

Atenção à Linguagem Corporal

Fique atento às congruências e incongruências entre sua linguagem corporal e suas palavras — e também às das outras pessoas. Lembre-se da história do vendedor de barcos. Fique atento: quanto mais integradas, saudáveis, relaxadas e honestas as pessoas forem, mais congruentes serão. A linguagem corporal vai combinar com a linguagem verbal e a linguagem verbal vai combinar com a linguagem corporal.

Preste atenção a isso em suas conversas ou discursos. Trabalhe no sentido de uma abordagem mais integrada em tudo o que fala e faz.

Da mesma forma, fique atento à linguagem corporal de novos conhecidos e amigos, vendedores, figuras públicas, professores, apresentadores de TV e (especialmente!) políticos. O cérebro tem a capacidade de perceber esses indícios para ajudá-lo a sobreviver, e *O Poder da Inteligência Verbal* vai ajudá-lo a aumentar esse poder.

Ao conhecer uma pessoa, recorra ao conhecimento extralógico do corpo perguntando a si mesmo:

(a) 'Gostei imediatamente dessa pessoa?'

(b) 'Confiaria a essa pessoa meus amigos e bens mais queridos?'

Se a resposta a uma dessas perguntas for 'Não', entre imediatamente no modo 'Sherlock Holmes — detetive de Linguagem Verbal/Corporal' e descubra por que seu cérebro chegou a essa conclusão com tanta rapidez e brilhantismo.

Além de lhe fornecer informações essenciais para a sua segurança, sucesso e felicidade, esse estudo vai lhe fornecer horas de diversão e entretenimento!

Exercícios no Espelho

Fique diante de um espelho de corpo inteiro e converse consigo mesmo! Este exercício *não* tem mistério: ele se resume exatamente ao que seus olhos vêem! Porque, enquanto conversa consigo mesmo, você vai examinar seus movimentos, a posição do corpo, as expressões dos olhos e do rosto.

No começo, você pode ficar um pouco embaraçado, mas logo vai estar se divertindo e aproveitando os benefícios deste exercício — afinal, você está conversando com um amigo que tem sido sua companhia e apoio durante toda a vida!

Registre todos os pontos fortes e fracos que observar e, depois, use os fortes para melhorar os fracos. Esse 'espelho na parede' vai lhe mostrar o progresso do seu vocabulário e de seus recursos de apresentação, ajudando-o a atingir a meta de se tornar o 'melhor de todos'!

Jogue Jogos Vocais

Faça experiências e brinque com a voz. Esse treino envolve o corpo e a capacidade de se comportar e de aprender como o mestre supremo do vocabulário — a criança. Pelo menos uma vez por dia, talvez no chuveiro ou no carro, experimente diferentes sons, volumes e variações. Isso é como fazer exercícios de alongamento — expande a amplitude e a força do instrumento. É também muito divertido.

As crianças costumam jogar esse tipo de jogo e, se você puder participar, não perca a oportunidade!

Cante!

Cante — em casa ou em público! Cantar oferece os mesmos benefícios do exercício acima, mas de maneira mais estruturadamente criativa. Quando uma melodia não quer sair da sua cabeça, deixe que ela se expresse; quando você é convidado a mostrar seu talento num bar de karaokê, não se faça de rogado; quando estiver alegre ou triste, cante para si mesmo; sempre que estiver inspirado, deixe que sua alma musical se expresse. Como agora você sabe, essa liberação de energia musical vai apenas beneficiar e fortalecer sua Inteligência Verbal.

Verifique a Razão Positivo/Negativo do seu Vocabulário

Verifique a razão positivo/negativo do seu vocabulário público e pessoal. Se um dos dois estiver cheio de pontos negativos, lembre-se: isso reduz a energia física, enfraquece o sistema imunológico, prejudica a postura, aumenta a probabilidade de fracasso, tira a motivação — e faz a mesma coisa para quem está perto de você.

Proponha-se a encher os novos reservatórios de sua Inteligência Verbal com companheiros de viagem mais positivos, vigorosos e vitais.

Estimulador do Poder Verbal Número 6

Neste exercício, vou apresentá-lo a palavras que falam de palavras, para enriquecer ainda mais seu conhecimento da área em que está agora envolvido. Escolha a definição que achar que mais se aproxima do significado correto, entre as quatro opções apresentadas.

1 CLICHÊ
(a) Significado secreto
(b) Área particular
(c) Frase estereotipada
(d) Trocadilho esperto

2 SÍMILE
(a) Expressão exultante
(b) Comparação de coisas semelhantes
(c) Frase muito longa
(d) Contradição entre dois termos

3 AMBÍGUO
(a) Parágrafo muito longo e floreado
(b) Que tem sentido muito amplo
(c) Que se pode tomar em mais de um sentido
(d) Que é expresso com eloqüência

4 EUFEMISMO
(a) Uma inverdade expressa com convicção
(b) Expressão mais branda no lugar de uma mais direta
(c) Palavra ou frase que desperta o sentido do olfato
(d) Uma palavra com um belo som

5 NON SEQUITUR
(a) Conclusão que não se segue aos fatos
(b) Declaração feita fora de seu contexto
(c) Visita do rei sem o séquito
(d) Narração que não segue a seqüência dos fatos

6 REDUNDÂNCIA

(a) Estupidez e teimosia
(b) Repetição desnecessária
(c) Superabundância
(d) Inutilidade

7 EPIGRAMA

(a) O dobro de uma grama
(b) Metade de uma grama
(c) Dito mordaz e picante
(d) Lei da gramática latina

8 ONOMATOPÉIA

(a) Som monótono e continuado
(b) Som isolado
(c) Palavra cujo som imita o da coisa significada
(d) Palavra cujo som não lembra a coisa significada

9 GALHOFA

(a) Gracejo; zombaria
(b) Discurso floreado
(c) Árvore muito copada
(d) Broto que ainda não abriu

10 METÁFORA

(a) Uma saudação militar para soldados que partem para a guerra
(b) Tropo que transporta o sentido de um termo para outro
(c) Gás que causa tontura
(d) Um tipo de bactéria comum em grandes centros urbanos

apresente-se —

como se tornar um orador de sucesso

capítulo 7

'Como maçãs de ouro em salvas de prata, assim é a palavra dita a seu tempo.'

Provérbios 25:11

'Cujas palavras todos os ouvidos cativou.'

Shakespeare

Apresentar-se e falar em público lhe dá uma grande oportunidade de se expressar e deixar que sua Inteligência Verbal floresça.

No entanto, fazer apresentações e falar em público é o medo número 1 do planeta!

Por quê?

Porque a falta de confiança na própria Inteligência Verbal e a alta probabilidade do Q.I. Verbal ficar exposto quando se fala em público parecem ser bons motivos para o medo.

Neste capítulo, vou lhe trazer informações e exercícios que o ajudarão a se tornar um excelente orador.

A combinação do que você aprendeu nos capítulos anteriores com estas novas informações vai ajudá-lo a se tornar um orador eficaz e interessante.

Estudo de Caso — Cale a Boca!

Obviamente, é bom saber como e quando falar. Mas é bom também saber quando calar!

Os cardiologistas sabem há tempos que a pressão sangüínea tende a subir no consultório do médico. Por quê? Claude Le Pailleur e seus colegas do Necker Hospital queriam conhecer melhor os fatores envolvidos.

Fizeram então um experimento: mediram a pressão de dois grupos de pacientes voluntários, sentados na sala de espera do médico. Os do primeiro grupo ficaram sentados sem fazer nada enquanto os do segundo ficaram conversando ou lendo um livro.

O nível da pressão dos que ficaram lendo era levemente mais baixo do que o dos que não faziam nada. Mas o dos que ficaram conversando era bem mais alto.

Segundo os pesquisadores, quem conversa animadamente com o médico durante um check-up, pode acabar com receitas de remédios desnecessários.

Use sua crescente habilidade para falar, mas *depois* de medir a pressão sangüínea!

falar em público

Se você tiver que fazer uma apresentação no trabalho ou se estiver em qualquer outra situação em que tenha que fazer um discurso na frente de outras pessoas, a primeira coisa a fazer é refletir sobre a situação em que você *realmente* está. Você é uma pessoa Verbalmente Inteligente que tem como meta usar essa Inteligência para se expressar para outras pessoas Verbalmente Inteligentes!

Enquanto fala com essas pessoas, suas metas imediatas serão:

- Entretê-las.
- Fazer com que entendam claramente o que você diz.
- Fazer com que se recordem do que você está transmitindo.
- Facilitar para elas o uso do que você está dizendo.
- Ativá-las com suas palavras.
- Deixar uma impressão positiva e duradoura.

'Falar é poder: falar é persuadir, converter, incitar.'

Ralph Waldo Emerson

Nocaute Verbal

Um dos mais brilhantes boxeadores das ilhas britânicas foi o irlandês Barry McGuigan. Ele ascendeu rapidamente no *ranking* do boxe e se tornou Campeão Mundial dos Pesos Pena, em 1985. Famoso pela técnica apurada, conhecido também pela atitude positiva, pela capacidade de enfrentar as dificuldades e aprender com elas, e pela total dedicação ao treinamento.

Quando parou de lutar, McGuigan passou a fazer parte do pequeno grupo de elite de boxeadores eleitos para o Boxing Hall of Fame, uma honra reservada aos poucos que a comunidade esportiva considera não apenas grandes campeões, mas também embaixadores do esporte.

Logo que se aposentou, McGuigan começou a ser assediado por emissoras de televisão que queriam contratá-lo como comentador especializado, o que ele acabou por se tornar.

Quando iniciou sua nova carreira, McGuigan percebeu que o estilo dos seus comentários era da seguinte ordem: 'foi um incrível golpe de esquerda dado por Jones, seguido de um incrível cruzado de direita... e Smith reagiu com um incrível golpe direto no queixo e um terrível golpe de esquerda...' Assim, resolveu melhorar sua Inteligência Verbal!

Para isso, ele iniciou literalmente um treinamento, usando todas as técnicas que tinha aprendido como atleta campeão do mundo. Usou ainda Mapas Mentais para expandir o vocabulário e seu conhecimento cada vez maior do fascínio das palavras.

Em pouco tempo, seu vocabulário e sua Inteligência Verbal melhoraram sensivelmente. Em vez de 'incrível... incrível... incrível...', McGuigan começou a temperar seus comentários com 'como um raio, atordoante, vibrante, rápido como um golpe de espada, chocante, eletrificante...' Aplicando as técnicas de treinamento que tinha usado para se tornar um atleta campeão do mundo, ele rapidamente subiu no *ranking* dos comentadores de TV e tornou-se um campeão na esfera *mental*!

Impressionado com a rapidez com que conseguiu desenvolver a Inteligência Verbal, McGuigan joga jogos de palavras com seus filhos — usando Mapas Mentais® e técnicas de memorização, que podem ajudá-los como ajudaram a ele.

Você pode conquistar os mesmos resultados que ele conquistou!

o seu público

Considere cuidadosamente seu público. O cérebro e a Inteligência Verbal dessas pessoas funcionam exatamente como os seus.

Portanto, você sabe que elas operam com base na natureza multiordenada das palavras e que seu cérebro formará mapas e redes gigantes de associações, antes, durante e depois de sua apresentação.

Você já sabe que elas compreenderão e memorizarão melhor o que for dito no começo e no fim da apresentação, assim como tudo o que lhes falar à imaginação e aos sentidos, e que as ajudar a fazer ligações e associações. Você sabe que, para que tudo isso ocorra, uma das melhores soluções é contar histórias, já que as histórias falam a todos os elementos da memória e da criatividade.

Você sabe também que tem conhecimento suficiente para ajudá-las a compreender e memorizar, a fazer ligações e associações. E que tem um vocabulário cada vez mais rico e variado, uma voz sem paralelos quando se trata de lhes transmitir informações e um corpo que, quando se expressa em congruência com as palavras ditas, o tema tratado e a sua voz, aumenta imensamente o poder da mensagem.

Além disso tudo, o corpo tem cinco sentidos mágicos para acrescentar à fórmula, o que aumenta, em todos os níveis, sua capacidade de apresentar informações e a sua Inteligência Verbal.

'Oh! Como são persuasivas as palavras retas!'

Jó 6:25

O Treino a seguir se concentra na idéia de que, para ser um apresentador soberbo e manifestar o gênio de sua Inteligência Verbal, *basta que você seja você mesmo*!

Este Treino vai ajudá-lo nesse caminho...

Quebra-cabeça Número 13

1. neveto X _ X X X _
2. rodauti _ X _ _ _ X _
3. lagel X X _ _ _
4. quobai X _ _ _ _ _

Pista: Depois de se diplomar no Poder da Inteligência Verbal, você será:

_ _ _ _ _ _ _ _ _ _

Dica de Inteligência Verbal

- Procure Prefixos, Sufixos e Raízes

Por quê?

Você sabe! Mas vou me estender mais: os Prefixos, Sufixos e Raízes formam uma grande porcentagem do número total de letras encontradas no número total de palavras. Como resultado, se ficar atento a esses elementos ao tentar desembaralhar as palavras, você terá mais probabilidades de sucesso do que se trabalhar ao acaso. As novas palavras amigas que você fez nos Capítulos 3 e 4 serão muito úteis aqui, além de ajudá-lo a elevar ainda mais o Q.I. Verbal.

Quebra-cabeça Número 14

O cérebro e o comportamento estão para a Psicologia assim como o corpo e a mente estão para a ....

Grite!

Estudo de Caso — Erga a Voz

Pesquisas feitas em laboratórios neurobiológicos revelam que o volume e a confiança com que você fala afeta o cérebro dos que ouvem. O corpo principal de cada neurônio (o minicérebro das células cerebrais) recebe milhares de mensagens vindas de suas conexões (sinapses), onde as extensões tentaculares da célula entram em contato com outros neurônios.

Esses sinais ficam progressivamente mais fracos à medida que vão passando de uma célula para a outra. Sendo assim, como os impulsos que viajam grandes distâncias conseguem competir com os que vêm de perto?

Geoffrey McGee, do Centro Médico da Louisiana State University, em New Orleans, decidiu investigar. Ele mediu a força das mensagens em vários pontos das cadeias de neurônios. Com isso, descobriu um fato que parece óbvio quando temos conhecimento dele, e que tem aplicações e implicações muito significativas. Quanto mais forte o impulso (ou seja, mais alta a voz) na fonte, mais forte é o sinal no início, continuando proporcionalmente mais forte durante o percurso.

Isso significa o seguinte: para que suas palavras fiquem registradas na mente do público, você tem que falar alto, ser claro e provocar associações fortes.

Caso contrário, suas mensagens se perderão entre a cacofonia de sons mais fortes.

Você certamente precisa aplicar os princípios que servem de base às descobertas do Professor McGee sempre que fizer qualquer tipo de discurso.

Há, no entanto, uma aplicação muito mais sutil da pesquisa de McGee — para o seu aprendizado. Quando estiver revendo e revisando o que aprendeu, especialmente em áreas como vocabulário e linguagem, repita tudo *em voz alta*. Assim, seu cérebro terá o reforço da força do sinal que você está lhe enviando.

Se tiver que fazer uma revisão silenciosa, numa biblioteca por exemplo, não sussurre silenciosamente: GRITE silenciosamente! Imagine que está falando bem alto que o cérebro reagirá como se realmente ouvisse sua voz. Numa biblioteca, você pode gritar à vontade — contanto que seja em silêncio!

Conte Histórias

Ouça contadores de histórias; *torne-se* um contador de histórias! Saber contar histórias envolventes é meio caminho andado para se tornar um orador de primeira qualidade. De agora em diante, quando se deparar com um bom contador de histórias, use a técnica de imitação que os bebês usam tão bem — e torne-se tão hábil quanto eles.

Examine de perto os elementos da perícia desses contadores de história, especialmente vocabulário, imaginação e linguagem corporal.

Busque 'histórias fantásticas' na sua própria vida, no seu passado. Escolha as mais emocionantes, mais ridículas, mais informativas, mais extraordinárias, mais assustadoras, mais absurdas e mais provocantes! Pratique recontando-as a amigos mais chegados e polindo-as até que possam ser apresentadas com sucesso em qualquer situação.

Da mesma forma, fique atento a histórias interessantes da família e dos amigos, e ponha-as no seu 'saco de histórias'.

Aprenda a Projetar a Voz

Não é natural, para a voz humana, estar sempre numa altura mediana. A única razão para que isso aconteça é social, remontando aos nossos dias de escola, quando nos diziam para 'fazer silêncio', ou a outras situações da infância, quando levantar a voz era sinal de má educação. Para a voz, é natural experimentar a gama inteira de volumes, especialmente os mais altos! Felizmente, a sociedade prevê certos eventos e atividades em que erguer a voz não é apenas permitido, mas desejável.

Os bares de karaokê, de popularidade crescente, oferecem ótimas oportunidades de dar à sua voz o treino de que ela tão desesperadamente precisa! Da próxima vez que surgir a oportunidade, vá em frente! Se não surgir a oportunidade, providencie uma!

Outro tipo de evento em que todo mundo sabe que tem que fazer barulho é nos jogos de futebol, ou em outros eventos esportivos. Lá, espera-se que você cante, torça e grite. Faça o possível para freqüentar esses lugares e dar à sua voz um treino altamente potente.

Há uma outra atividade em que se aceita um tom de voz mais alto: levar o cachorro para passear. Estou convencido de que não é apenas pelo ar fresco que as pessoas gostam de passear com o cachorro, mas pela oportunidade de berrar em espaços abertos. Elas dão ordens aos berros para seus cães, que geralmente não estão nem aí!

Pratique Sotaques e Diferentes Pronúncias

Como você deve ter se dado conta, sua voz é um instrumento incrivelmente flexível e treinável. Se você tivesse nascido em qualquer lugar do mundo, em que se falasse qualquer uma das outras 2.000 línguas existentes, você a teria aprendido. E ainda pode aprender. Aprender diferentes sotaques, locais e internacionais, dá mais alcance à sua voz e o ajuda a compreender e entreter os outros.

Use Imagens para as Palavras

Ao combinar imagens com palavras, você combina os recursos do lado direito do cérebro com os do lado esquerdo: as palavras vêm do hemisfério esquerdo e as imagens do direito. Essa combinação tem um efeito multiplicador sobre o poder das palavras.

Como exemplo, diga a frase: 'Eu realmente gostei de comer todas aquelas frutas que serviram.'

Agora, imagine que era um dia quente de verão, que você não comia há quatro dias e que, de repente, as mais deliciosas frutas foram postas na mesa à sua frente. Totalmente maduras, as frutas eram belamente coloridas e exalavam os aromas mais tentadores. Além disso, a travessa continha justamente suas frutas favoritas. Imagine-se devorando-as: essa foi a refeição mais estupenda e memorável que você já teve na vida.

Diga agora a mesma frase, só que cheia de lembranças e paixão.

A técnica de combinar palavras com imagens fortes e sensuais é a que todos os grandes poetas e escritores, especialmente Shakespeare, usam com tanto sucesso. Ao usá-la, você vai favorecer sua Inteligência Verbal.

Fique Atento ao que Diz a Si Mesmo

Além de prestar atenção às conversas que tem com os outros e nos discursos que faz em público, fique atento às conversas que tem *consigo mesmo* e nos discursos que se faz. Muitas pessoas têm uma ótima conversa e sabem fazer discursos cativantes, mas guardam os piores discursos para si mesmas, os mais deprimentes e desmotivantes! Estão sempre dizendo a si mesmas que não conseguem fazer as coisas, que 'não são de nada', que nunca terão sucesso. Esse é o pior tipo de treinamento!

Se você acha que tem essa tendência, incluindo o uso de torrentes de palavras negativas quando alguma coisa dá errada, analise por que age assim, guarde esse vocabulário desmotivante na prateleira, onde é o seu lugar, dê-se um tapinha nas costas e comece a ter conversas muito melhores consigo mesmo!

Energize sua Voz — Melhore sua Memória

A memória funciona melhor quando as coisas a serem lembradas são destacadas e enfatizadas. Se você é uma dessas pessoas que sempre se esquecem de tudo porque escrevem o que precisam lembrar em pedacinhos de papel que logo perdem, ou que ficam repetindo em voz monótona e sem inspiração o que não querem esquecer, use esta técnica, que é muito melhor: sempre que quiser lembrar de alguma coisa, repita-a para si mesmo com *energia extra*.

Graças a essa energia a mais, o cérebro reage de maneira mais positiva ao que é repetido. Além disso, essa energia faz com que a mensagem tenha destaque e, quando as coisas se destacam, o cérebro se lembra delas com mais facilidade.

Estabeleça Metas de Apresentação Pessoal

Faça um míni Mapa Mental® das áreas em que pretende melhorar sua habilidade verbal. Considere as seguintes áreas:

- Conversar com pessoas da família, amigos e colegas
- Contar piadas
- Contar histórias
- Fazer apresentações informais sobre um determinado assunto para uma equipe ou um grupo pequeno
- Dar instruções ou informações
- Fazer discursos em ocasiões especiais, como casamentos ou jantares
- Fazer apresentações profissionais para grupos maiores

Quando tiver estabelecido suas metas, releia rapidamente este capítulo e comece a aplicar as sugestões de Treino Verbal, que vão ajudá-lo a atingi-las.

Estudo de Caso — Pense Primeiro!

Pense no que vai dizer antes de dizer qualquer coisa. Isso vai lhe dar uma vantagem considerável.

Foi isso que descobriu um estudo sobre gagueira feito por pesquisadores da Finlândia e da Alemanha. Riitta Salmenlin e seus colegas da Helsinki University of Technology convidaram 9 pessoas gagas e 10 que falavam com fluência para ler uma lista de palavras. Enquanto liam, sua atividade cerebral era monitorada por dispositivos que identificam precisamente onde e, mais importante ainda, quando certas regiões do cérebro são ativadas.

As pessoas fluentes ativavam primeiro a parte do cérebro que decide o que dizer e, depois, a parte que resolve exatamente como dizê-lo. O cérebro dos gagos fazia exatamente o oposto. 'Os gagos acionavam os músculos da boca antes de saber o que iam dizer', disse Salmenlin.

Em graus diferentes, todos nós já tivemos a experiência dessa 'Síndrome dos Gagos', quando a boca começa a funcionar antes do cérebro, resultando numa fala desordenada, incorreta ou incompreensível!

As pesquisas sobre o cérebro confirmam que um pouco de preparação (os Mapas Mentais são especialmente úteis neste caso) torna a mensagem muito mais clara e você verbalmente mais inteligente — e inteligível!

Estimulador do Poder Verbal Número 7

Agora que você conhece melhor a relação entre Inteligência Verbal e fala, vai saber apreciar as 10 palavras deste exercício, que vão lhe permitir falar com mais erudição ainda!

Todas as palavras têm a raiz 'loqui' ou 'loc', do latim '*loquor*', '*locutus*', que significa discurso. Escolha a definição que achar mais próxima do sentido correto.

1 ELOQÜÊNCIA
(a) Discurso que se alonga demais e perde o fio
(b) Fala melodiosa
(c) Capacidade de se expressar com facilidade
(d) Conversa de baixo nível

2 ELOCUÇÃO
(a) Discurso muito longo e pesado
(b) Educação rígida
(c) Conversa sarcástica
(d) Maneira de se expressar; estilo

3 LOQUAZ
(a) Discurso sobre tema específico
(b) Falador, verboso
(c) Fala ritmada
(d) Ritmo ondulatório na fala

4 SOLILÓQUIO
(a) Discurso poético sobre o sol
(b) Tratado sobre a solidão humana
(c) Fala de alguém consigo mesmo
(d) Discurso feito perto do mar

5 CIRCUNLÓQUIO
(a) Discussão sobre a geometria do círculo
(b) Discurso que ladeia o assunto sem ir direto a ele
(c) Discussão acadêmica sobre circuncisão
(d) Antigo termo médico para gagueira

6 INTERLOCUÇÃO
(a) Intervalo prolongado
(b) Interjeição ilógica
(c) Discurso em círculos, que foge ao assunto
(d) Conversa entre duas ou mais pessoas

7 GRANDILOQÜENTE
(a) Calado, sem inclinação para falar
(b) Que usa linguagem elevada, pomposa
(c) Que espera em silêncio para falar
(d) Que é incapaz de falar em público

8 INTERLOCUTORA
(a) Mulher que participa de uma conversa
(b) Conversa sobre adereços para o cabelo
(c) Atriz que sabe suas falas e as dos outros
(d) Palestrante bonita

9 LOCUÇÃO
(a) Aula sobre o bem falar
(b) Discurso cheio de rodeios
(c) Forma abreviada de 'elocução'
(d) Modo de falar; linguagem

10 LOCUCIONAR
(a) Falar com sotaque estrangeiro
(b) Falar com boa pronúncia
(c) Dizer, articular, expressar
(d) Falar expressões vulgares

leia! como melhorar a velocidade, a compreensão e a memorização

capítulo 8

'Os jornais, as revistas, a TV e a tela do computador são janelas para o mundo e, cada vez mais, para o universo. Compreendendo a natureza desses meios e algumas novas formas de abordá-los, é possível multiplicar por dez sua eficiência nessa área.'

Tony Buzan

Uma das melhores maneiras de melhorar sua Inteligência Verbal é aprender a dominar rapidamente as palavras com que se depara – especialmente em livros, revistas e jornais – para absorvê-las rapidamente, compreendê-las e lembrar delas quando for necessário.

Este capítulo vai ajudá-lo nesse ponto, além de apresentá-lo ao incrível Olho Mágico Ciclópico.

domine todas essas palavras

Um dos maiores obstáculos ao desenvolvimento da Inteligência Verbal é a incapacidade de estudar assuntos acadêmicos, profissionais ou 'difíceis'.

Uma pessoa com baixa Inteligência Verbal ataca essas situações de cabeça: tenta ler o livro do começo ao fim, lê uma ou duas palavras por vez, lê devagar e com cuidado para entender melhor, lê sempre a página 5 antes da 6, nunca olha o fim do livro até chegar custosamente a ele, e toma notas por escrito.

Uma pessoa com uma potente Inteligência Verbal faz exatamente o oposto!

Um alto Q.I. Verbal sabe que a melhor maneira de dominar palavras e informações é ter primeiro uma visão geral da obra, verificando coisas como índices, títulos de capítulos, subtítulos, ilustrações, fotos e gráficos, introduções e, principalmente, sumários.

Por quê?

Porque esse comportamento verbalmente esperto extrai todas as *palavras-chave*, *idéias* e *imagens* mais importantes e dá ao leitor uma visão geral e imediata do assunto em questão.

Além disso, em vez de fazer anotações lineares e inadequadas, a pessoa Verbalmente Inteligente faz anotações em forma de Mapas Mentais®, que refletem melhor a rede de informações em estudo.

leia mais depressa

Um dos maiores erros cometidos por pessoas cuja Inteligência Verbal ainda é baixa, é pressupor que o cérebro opera melhor e compreende mais quando se lê uma palavra por vez, devagar e com cuidado.

Embora isso pareça lógico, é preciso fazer exatamente o oposto.

O sistema olhos/cérebro não consegue operar dessa maneira.

Para entender claramente esse conceito, imagine conversar com alguém que fale devagar, com cuidado, metodicamente, monotonamente, uma palavra por vez! Você acharia a conversa incompreensível, difícil de guardar e incrivelmente aborrecida!

Por que deixar que as páginas à sua frente falem com você dessa maneira?

Quando o cérebro entende melhor o que é dito? Quando a fala é bem fraseada e segue uma velocidade confortável e ritmada.

Assim deve ser a leitura de um livro. Deixe que seus olhos percorram a frase mais depressa do que de costume. Assimile frases importantes em vez de palavras. Mantenha um ritmo confortável.

Aumente ainda mais a velocidade com uma caneta fina, um lápis ou um pauzinho chinês para guiar seus olhos. Mova compassadamente esse 'guia', mais ou menos como se estivesse deslizando o dedo ou o lápis pela margem do dicionário ou da lista telefônica ao procurar uma palavra ou número.

Isso lhe dá foco, relaxa os olhos, melhora a concentração e aumenta a velocidade.

percepção ciclópica – seu olho mágico

Em meados do século XX, uma inovadora estudiosa da visão, Bella Julesz, fez uma descoberta espantosa: que temos um 'Terceiro Olho'. Julesz idealizou os 'estereogramas': imagens que parecem manchas ou rabiscos sem sentido quando se olha para elas com a visão normal. Olhando apenas com o olho esquerdo, continuam do mesmo jeito. Olhando apenas com o olho direito, também.

Mas, quando se olha para elas fora de foco, com os dois olhos, acontece uma coisa incrível. O cérebro pega as duas imagens separadas, a do olho direito e a do olho esquerdo, e as sobrepõe. Quando elas 'se encaixam no lugar', uma terceira imagem holográfica tridimensional salta da página.

Julesz deu a isso o nome de 'Percepção Ciclópica', que se refere a Ciclope, o gigante mítico que tinha apenas um olho.

O fato do sistema olhos/cérebro ser capaz dessa percepção mágica mostra que o cérebro assimila sempre 'o quadro inteiro', seja para onde for que olhe.

Sabendo disso, a pessoa Verbalmente Inteligente mantém o olho sempre aberto e a percepção a toda enquanto lê o ambiente inteiro e não apenas palavras.

Há outras maneiras de melhorar as forças de fundo que apóiam sua leitura, como vamos explorar no próximo Treino Verbal.

lembre-se do que leu

Você já está usando a técnica! Aqui também, o Mapa Mental® vem em seu socorro.

A pessoa Verbalmente Inteligente não faz anotações comuns, lineares, fáceis de esquecer: ela vai fazendo Mapas Mentais® à medida que lê, construindo assim um mapa associativo de palavras e imagens que refletem o conteúdo do material lido, e a crescente compreensão que tem desse conteúdo.

Graças à sua natureza pictórica, verbal e associativa, o Mapa Mental® funciona como uma ferramenta perfeita para a memória.

treino verbal

Quebra-cabeça Número 15

1. rofuile   _ X X _ _ _ X
2. megavi   X _ X _ _ _
3. ralibimo   _ X X _ _ X _ _
4. bácrifa   _ X _ X _ X _

Pista: Ferramenta cerebral fantástica

_ _ _ _ _ _ _ _ _ _ _

Dica de Inteligência Verbal

- Busque padrões de 'comportamento das letras e palavras'.

Por quê?

O cérebro é uma máquina de buscar padrões, e quanto mais oportunidades você lhe der para encontrá-los, melhor. Algumas sugestões:

1. Você aprendeu, nos Capítulos 3 e 4, que existem Prefixos, Sufixos e Raízes. Procure por eles nas palavras embaralhadas e vai ver que vão restar poucas letras para encaixar no quebra-cabeça, tornando o processo muito mais fácil.
2. Finais mais comuns, que você deve procurar: 'dade', 'ico' 'izar', 'ável' ou 'ível'. Se você encontrar 'ível', por exemplo, entre as letras embaralhadas, há uma grande probabilidade dele se encaixar no final de uma palavra.
3. 'q' e 'u'. Quando essas letras aparecem entre as letras embaralhadas, há uma probabilidade de quase 100 por cento do 'u' se encaixar logo depois do 'q', o que contribui para esclarecer o padrão da palavra que você procura.
4. Em vez de procurar apenas sílabas formadas por uma consoante e uma vogal, que é o mais comum, lembre-se de que as vogais podem também aparecer em grupos de duas ou três, como em 'mais', 'boi', 'quão'.
5. Agrupamentos. Pela própria natureza da probabilidade, muitas vezes a palavra embaralhada foi simplesmente invertida, ou suas sílabas foram mantidas e postas numa ordem diferente. Fique atento a essas possibilidades porque, se for esse o caso, você pode encontrar a resposta imediatamente.

Quebra-cabeça Número 16

Insira a palavra que tem o mesmo significado das duas palavras fora do parênteses.

JOGO DE CARTAS (_ _ _ _ _ _) CAVIDADE

Torne-se um Caçador de Palavras

Agora que você tem muito mais conhecimento a respeito do poder das palavras e da sua Inteligência Verbal, apure sua habilidade de detetive e comece a buscar ativamente palavras novas que possam acrescentar poder e vivacidade ao seu crescente vocabulário.

Sempre que possível, sublinhe ou marque de alguma forma as palavras novas com que se deparar, porque assim elas vão se destacar em seu olho mental. A simples decisão de 'sair à caça' faz com que você localize muito mais palavras novas e as capture melhor, já que está com a atenção fortemente voltada para elas.

Crie um Caderno de Novas Palavras

Com o progresso que você já fez, é hora de você organizar o tesouro que vem juntando. Crie um Caderno de Novas Palavras, que vai lhe trazer muitos benefícios. Você pode manter as palavras na ordem cronológica em que as descobriu; pode classificá-las como substantivos, verbos, adjetivos, etc.; pode também mantê-las no contexto em que foram encontradas (romances, poemas, artigos, etc.).

Seja qual for o método que escolher, o importante é 'manter suas palavras em ordem'.

Construa um Arquivo de Conhecimento

Este Arquivo de Conhecimento é onde você vai guardar seus 'tesouros verbais'. Ele vai funcionar como uma biblioteca pessoal de Q.I. verbal, contendo o melhor conhecimento verbal com que você já entrou em contato na vida.

Esse arquivo pode ter várias seções:

- Resumos dos melhores romances que você leu
- Poemas favoritos
- Citações favoritas
- Parte do seu Caderno de 'Novas Palavras', ou todo ele
- Alguns dos Mapas Mentais® que você fez e que ilustram melhor sua Inteligência Verbal
- Piadas que brincam com o significado das palavras e que você considera especialmente engraçadas

Use o Índice Remissivo

Sempre que começar a ler um livro que contenha um índice remissivo, dê uma olhada nesse índice antes de qualquer outra coisa. Esse é um hábito comum a todas as pessoas com alta Inteligência Verbal.

Por quê?

Porque esse tipo de índice é um maravilhoso resumo de todos os principais conceitos e idéias contidos no livro. Funciona como uma chave mágica que destranca o segredo do conteúdo.

Todas as palavras do Índice, uma vez registradas no cérebro, funcionarão como centenas de ganchos especiais que vão se prender às informações contidas no livro à medida que você for lendo. Elas tornarão sua leitura mais fácil, mais rápida e mais significativa.

Transforme seu Ambiente de Leitura num *Playground* de Palavras

O escritório de muitas pessoas parece uma cela de prisão! Neles, há uma mesa vazia, uma cadeira dura, paredes de qualquer cor, nenhuma música, nenhum quadro e, geralmente, iluminação inadequada e pouco ar. Por que as pessoas fazem isso com seu escritório? Porque, para elas, a idéia de 'escritório' está associada a cansaço, tédio, provas, stress, esquecimento, suspensões, castigo, fracasso, trabalho penoso e prisão!

Mas não precisa *e nem deve* ser assim!

Seu escritório deve ser um *playground* de palavras. Deve ser um lugar em que seu cérebro adora estar. Como você já sabe, a música estimula a Inteligência Verbal. Por isso, tenha como ouvir música no seu *playground* verbal. Ele deve ser um lugar convidativo, confortável, colorido, estimulante, bem iluminado (de preferência com luz natural) e com boa circulação de ar – e cheio de dicionários, tesauros, enciclopédias, seus livros favoritos e qualquer mídia eletrônica que possa inspirá-lo na exploração e desenvolvimento de sua Inteligência Verbal.

Recompense-se. Estimule-se. Dê à sua Inteligência Verbal todas as coisas que a inspiram e que ela adora. Dê àquela eterna criança verbal que há dentro de você o *playground* que ela sempre quis!

Comprometa-se com sua Inteligência Verbal

Comprometa-se a aprender durante toda a vida e a desenvolver sua Inteligência Verbal. A cada ano, comprometa-se a aprender pelo menos uma nova Raiz, um novo Prefixo e um novo Sufixo. Comprometa-se também a aprender pelo menos 10 palavras que os contenham. Isso vai lhe dar pelo menos 30 palavras novas por ano, além de novos 'centros de energia', que perpetuarão a si mesmos, farão novas associações, estabelecerão conexões com seu crescente vocabulário e o ajudarão a compreender e a usar outras palavras e conceitos.

Este programa simples e fácil vai lhe permitir quadruplicar o vocabulário ao longo da vida.

Brinque com seu 'Olho Mágico'

Pelo menos uma vez por mês, brinque com sua percepção Ciclópica. Invista num livro de estereogramas (*Magic Eye*) e divirta-se pondo e tirando as imagens de foco. Isso vai manter sua 'grande visão' exercitada, permitindo-lhe, automaticamente, enxergar mais na leitura normal, aumentando ao mesmo tempo sua velocidade e compreensão.

Estimulador do Poder Verbal Número 8

Neste exercício, você vai 'voltar às raízes'. Use toda a sua habilidade de detetive da Inteligência Verbal – você pode dissecar, analisar e juntar de novo cada uma das palavras que vai encontrar a seguir, com a certeza de ter descoberto seu significado. Aqui também, escolha a definição que considerar mais próxima do significado correto entre as opções apresentadas.

1 FILANTROPIA

(a) Amor à humanidade
(b) Ódio à humanidade
(c) Medo da humanidade
(d) Gasto de energia

2 MONOTEÍSMO

(a) Tendência a achar a religião tediosa
(b) Crença numa religião específica
(c) Crença numa única divindade suprema
(d) Meditação sobre a natureza de Deus

3 MISANTROPIA

(a) Amor à humanidade
(b) Ódio à humanidade
(c) Estudo da mestiçagem
(d) Confusão a respeito da humanidade

4 FILOLOGIA

(a) Estudo da filosofia
(b) Amor à filosofia
(c) Estudo da língua
(d) Aversão ao conhecimento

5 HOLANTROPIA

(a) Estudo do ser humano em sua totalidade
(b) Deficiência visual progressiva
(c) Estudo genérico da história humana
(d) Sinônimo de misantropia

6 MONOGAMIA
- (a) Narrativa prolongada e monótona
- (b) Estado de quem é casado com uma só pessoa
- (c) Caligrafia esmerada
- (d) Depressão associada ao fim de um relacionamento

7 BICÚSPIDE
- (a) Resultado do cruzamento de duas espécies
- (b) Animal com duas presas denteadas
- (c) Que tem duas pontas
- (d) Um tipo de bicicleta

8 ANTROPOLOGIA
- (a) Estudo das figuras de linguagem
- (b) Estudo do homem e dos grupos humanos
- (c) Apologia da humanidade
- (d) Desprezo pela humanidade

9 FILOLUMINISTA
- (a) Piromaníaco
- (b) Fabricante de fogos de artifício
- (c) Colecionador de caixas de fósforos
- (d) Amante do conhecimento

10 POLIGLOTA
- (a) Alguém que come demais
- (b) Alguém que fala demais
- (c) Amante do conhecimento
- (d) Alguém que fala muitas línguas

poder de comunicação —

use a inteligência verbal

para ganhar controle sobre a vida

capítulo 9

‘As palavras são a roupa do pensamento.’

Chesterfield

‘As palavras são a droga mais poderosa que a humanidade usa.’

Kipling

Este capítulo traz para você um extenso Treino Verbal, em que eu lhe ensinarei como tornar inesquecíveis suas conversas e discursos, e lhe mostrarei como usar o conhecimento que você adquiriu até agora para fortalecer sua Inteligência Verbal em todas as formas de comunicação.

Mas, primeiro, uma história e alguns tópicos importantes, incluindo a natureza multiordenada das palavras, a arte de dar informações e os segredos por trás da comunicação animal.

a natureza multiordenada das palavras – revisitada

Numa classe de jardim-de-infância, a professora pediu às crianças que fizessem um desenho tirado do pai-nosso.

A maioria fez desenhos de céu, nuvens, anjos, pães, uma coroa de rei, etc.

Mas uma garotinha desenhou uma coisa muito diferente e, à primeira vista, indecifrável. Ela desenhou um grande círculo com duas saliências embaixo e, ao lado, um círculo bem menor, também com duas saliências embaixo.

Depois de avaliar os desenhos, a professora os devolveu à classe, fazendo elogios aos artistas. Quando chegou aos dois círculos, ela disse à menina: 'Eu pedi para vocês fazerem um desenho do pai-nosso – não foi isto que pedi.'

Mas, para grande embaraço da professora, a explicação que a garotinha deu do desenho indicava que se tratava realmente de um desenho tirado do pai-nosso.

Era um desenho de Deus nos afastando da tentação.

Ilustração de um desenho infantil do pai-nosso

Esta história mostra como é importante, em todas as formas de comunicação, enxergar os Mapas Mentais® interiores que existem na mente dos que recebem a comunicação.

A tarefa dos Verbalmente Inteligentes, com relação à natureza multiordenada das palavras, está muito bem resumida nesta frase: '*Sei que você acredita que eu entendo o que você acha que eu disse, mas não tenho certeza se você percebe que o que você ouviu não foi o que eu quis dizer!*'

Isso vale especialmente quando se trata de dar informações.

informações

Em geral, ao dar informações, as pessoas usam como referência as imagens e estruturas que têm na própria mente. E quem recebe essas informações em geral se perde.

As informações costumam ter a seguinte forma:

'Para chegar onde você quer, desça essa rua até ali adiante, vire à esquerda no bar, continue em frente, vire à direita no posto de gasolina... não me lembro se é Esso ou Shell... mas depois de virar à direita, continue pela estrada até ver um campo com cavalos. Aí, vire à esquerda e a casa que você está procurando é logo ali adiante, descendo um pouco mais pela estrada.'

Não é de admirar que as pessoas se percam!

A razão dessa imprecisão é que a pessoa ainda não desenvolveu seu Q.I. Verbal; ela tem uma imagem clara do caminho, mas ainda não tem Inteligência Verbal suficiente para transmiti-la aos outros. Assim, omite pontos essenciais a uma transação Verbalmente Inteligente:

- Distância. A distância é essencial para o cérebro, pois permite que seu lado direito use seus recursos espaciais para resolver o problema.
- Descrições claras dos principais pontos de referência (construções, etc.) da estrada. Eles precisam ser visualmente destacados e diferentes do resto do ambiente.
- Tempo de assimilação. Esse tempo dá ao cérebro que recebe a informação a oportunidade de avaliar a distância.

Uma versão Verbalmente Inteligente das informações dadas acima seria mais ou menos assim:

'Siga uns dois quilômetros pela estrada, até ver, à direita, um bar feito de madeira pintada de branco e preto, que fica numa esquina. Vire à direita nessa esquina e siga uns 800 metros em frente, até ver um posto de gasolina enorme. Vire à esquerda imediatamente depois do posto e passe uns prédios brancos, baixinhos, que parecem uma fieira de caixas de fósforo. Continue em frente por uns três quilômetros até ver um campo com cerca branca de madeira e alguns cavalos. Vire na primeira à esquerda depois desse campo: a casa que você está procurando vai estar a uns 100 metros à frente. Não leva mais de 10 ou 15 minutos.'

Por mais claras que sejam as informações, o Verbalmente Inteligente sempre verifica se foram bem compreendidas. Por quê? Porque o Verbalmente Inteligente sabe que o cérebro de quem recebe a informação pode 'criar' dados falsos a partir do que foi dito.

Dar informações claras, concisas, visuais, descritivas e exatas é um sinal infalível de uma pessoa com alta Inteligência Verbal. Quem é capaz de realizar tal feito terá sucesso, inevitavelmente, em todas as outras formas de comunicação.

É interessante observar que dar boas informações envolve o uso da imaginação e de associações, além de um preciso senso de localização. Isso é exatamente o que faz um Mapa Mental®, que é uma ferramenta que lhe dá informações claras e precisas em sua viagem pelas estradas e caminhos do seu conhecimento, que não pára de crescer.

comunicação animal

Até meados do século passado, pensava-se que os animais fossem fundamentalmente destituídos de inteligência, que reagiam automaticamente aos estímulos, sem uma verdadeira comunicação.

Sabemos agora que isso não é verdade.

Os golfinhos, as baleias, os macacos, todos os mamíferos e pássaros têm sistemas de comunicação incrivelmente sofisticados e complexos. Curiosamente, parte dessa comunicação se dá por meio da voz e das 'palavras'. A outra parte se dá por meio dos sentidos e da linguagem corporal.

Sabemos agora que a interação social dos animais é incrivelmente avançada. Sabemos também que suas estruturas sociais são complexas e excepcionalmente bem-sucedidas.

Para caçar, os animais se organizam em bandos que são mais eficientes do que uma unidade militar. Os bandos de baleias têm uma intrincada estrutura social e seus membros conseguem se comunicar a incríveis distâncias, falando todos a mesma língua.

Qual é a importância disso tudo para o desenvolvimento da Inteligência Verbal?

É simples: estudando a Inteligência Verbal, Sensual, Vocal e Corporal dos animais, descobrimos idéias e ações que contribuem para o desenvolvimento de nossa comunicação Verbalmente Inteligente.

Estudo de Caso – Expressar o Q.I.

Os doutores Robert Gifford e D'Arcy Reynolds, cujas avaliações da inteligência foram mencionadas no Capítulo 3 (ver página 68), relatam novas descobertas, que são particularmente relevantes para a compreensão do ato de *ouvir*.

Eles descobriram que as pessoas formam uma idéia mais precisa do nível de inteligência dos outros quando ignoram sugestões visuais. Os juízes que viram vídeos dos sujeitos falando tiveram relativamente pouco sucesso na avaliação de seu verdadeiro Q.I. Mas os juízes que apenas ouviram as entrevistas, sem ver nenhuma imagem em vídeo dos sujeitos, tiveram um índice de acertos bem mais alto.

Saber que as pessoas avaliam sua inteligência com mais precisão quando apenas ouvem sua fala, levanta uma questão importante. Se, por exemplo, você quiser impressionar alguém com sua Inteligência Verbal, especialmente em situações como entrevistas de emprego, faça com que o primeiro contato seja por telefone.

Você vai poder aplicar seu conhecimento de Inteligência Verbal e Comunicação neste próximo Treino Verbal.

treino verbal

Quebra-cabeça Número 17

1. iroiprem	X _ _ _ X _ X X
2. todire	X _ X X _ _
3. arobreilis	X X _ _ _ X _ _ _ _
4. obecal	X X _ _ _ X

Pista: Enquanto lê *O Poder da Inteligência Verbal*, você desenvolve seu:

_ _ _ _ _ _ _ _ _ _ _ _ _ _ _

Dica de Inteligência Verbal

- Rearranje as letras num padrão circular.

Rearranje as letras num círculo, com as vogais próximas ao centro e as letras que provavelmente acabarão perto umas das outras arranjadas de forma que seu padrão fique claramente visível.

Por exemplo, tome a palavra 'bácrifa' do Quebra-cabeça Número 15 e disponha-a da seguinte maneira:

C F
B Á I A
R

A possibilidade de estabelecer ligações entre as letras é muito maior do que se as deixássemos numa linha. Isso permite que o fenomenal poder associativo do cérebro descubra as ligações possíveis com muito mais rapidez.

Se não acertar com o primeiro rearranjo (o que é raro!) faça outro rapidamente – da segunda vez, o sucesso é quase certo.

Esse é uma técnica incrivelmente útil na solução de anagramas.

Quebra-cabeça Número 18

Insira a palavra que completa a primeira palavra e inicia a segunda.

INDIVI (_ _ _ _) ISMO

Use a Memória para se Comunicar

Lembre-se de aplicar seu conhecimento da memória à arte da comunicação! Entre os principais princípios que você aprendeu sobre a memória estão os seguintes: ela guarda melhor inícios, finais, coisas associadas e de destaque. Além disso, ela é muito beneficiada pela prática da revisão, especialmente se você mantiver os intervalos corretos entre uma revisão e outra.

Ao se comunicar, qual é a sua primeira meta? Fazer com que as pessoas entendam e *lembrem* do que você disse. Para isso, basta aplicar o que você já sabe:

- Faça com que suas comunicações comecem com impacto: comece com os principais elementos do que vai dizer, porque assim eles serão lembrados com mais facilidade.
- Termine com impacto! Esse impacto é importante porque quem é Verbalmente Inteligente – como você – sabe que as pessoas lembrarão melhor do final.
- Ligue as palavras e os conceitos entre si – e às pessoas com quem está se comunicando. Com isso, elas guardarão melhor o que você disse e farão a melhor ligação de todas: a ligação do que você disse com a própria vida pessoal e profissional.
- Amplie sua capacidade de comunicação usando a imaginação imensa que você tem para dar ainda mais significado às palavras. Isso vai torná-las inesquecíveis (assim como você!) na mente do público, que vai lembrar com mais facilidade do que você disse (e de você!).
- Se você está se comunicando numa situação que dura dias, semanas, meses ou anos, faça revisões para o público a intervalos que se aproximem ao máximo da fórmula para um dia, uma semana, um mês, seis meses. Isso vai lhe poupar muito trabalho, pois não terá que ficar tirando pontos esquecidos dos grandes Armazéns do Esquecimento! E nem o público.

Use a Natureza Multiordenada das Palavras

Use a natureza multiordenada das palavras como farol em todas as suas comunicações. Sabendo que cada palavra tem significados únicos e especiais para cada um de nós, procure enunciar com o máximo cuidado todas as suas comunicações importantes, fazendo o possível para tornar claro o significado de tudo.

Use Mapas Mentais

Mais uma vez, use Mapas Mentais para preparar suas comunicações verbais. Antes de escrever uma carta ou fazer um telefonema importante, faça um Mapa Mental® básico do que pretende dizer. Isso vai ajudá-lo a ver com clareza o objetivo da carta ou do telefonema. Vai ajudá-lo também a não perder o fio da meada, a registrar novas idéias que lhe ocorrerem quando estiver escrevendo ou falando e a deixar sua mensagem mais clara. Com tudo isso, você vai se comunicar com muito mais confiança.

Além de ser uma tremenda ajuda no ato da comunicação, o Mapa Mental® pode ser também um registro dela, o que é uma ajuda adicional maravilhosa para a sua memória.

Observe a Comunicação dos Animais

Como você já sabe, todos os animais são grandes comunicadores. Observe-os se comunicando com seres humanos, com outros animais de sua espécie e com animais diferentes. Observe as técnicas que usam para 'avaliar os outros', para fazer novos amigos, para 'defender seu espaço' e para conseguir o que querem.

Quando perceber que um animal está se comunicando com sucesso, fique atento às técnicas que ele usa e, sempre que puder e for apropriado, aplique-as para aumentar sua capacidade de comunicação e sua Inteligência Verbal.

Amplie seu Vocabulário Profissional

Uma das áreas que mais exigem de você como comunicador é o seu emprego. Comprometa-se a acrescentar novas palavras ao seu vocabulário profissional todas as semanas. Isso vai tornar suas comunicações mais claras e precisas e vai aumentar significativamente o poder que seu vocabulário lhe dá no mercado de trabalho. Lembre-se: quanto maior o vocabulário, maior o Q.I. Verbal; quanto maior o Q.I. Verbal, mais sucesso você terá; quanto mais sucesso tiver, mais rico, em todos os sentidos da palavra, você será!

Saiba Dar Informações

Sempre que tiver a oportunidade de dar informações para ajudar alguém, aproveite! Incorporando os princípios de tempo, distância, referências visuais importantes e direção, você ajudará os outros e, ao mesmo tempo, desenvolverá a precisão da imaginação, a clareza das palavras e a capacidade de transmitir qualquer mensagem a qualquer pessoa. Você orientará, no melhor sentido, outras pessoas *e* seu próprio cérebro para as metas desejadas.

Avalie o seu Progresso

A intervalos regulares, a cada três ou quatro semanas por exemplo, passe alguns minutos avaliando o progresso que fez. Arrume seu Arquivo de Conhecimento, verificando quantas novas palavras você adquiriu. Da mesma forma, veja se está chegando mais perto de suas metas de Inteligência Verbal; arrume ou modifique seu escritório, tornando-o ainda mais convidativo; estabeleça uma nova série de metas a curto, médio e longo prazos.

Essa avaliação leva pouco tempo e permite que você esteja sempre ciente do 'Panorama Geral' do desenvolvimento do seu Q.I., reforça tudo o que já aprendeu, lhe dá mais confiança e o motiva a continuar trabalhando, brincando e tendo sucesso.

Estimulador do Poder Verbal Número 9

Esta seção contém palavras que se referem a especialistas que nos ajudam a manter a Saúde Física e Mental.

1 OCULISTA
(a) Fabricante ou vendedor de óculos
(b) Especialista que mede a acuidade visual
(c) Médico que trata e opera doenças dos olhos
(d) Médico que trata doenças dos ossos

2 OPTOMETRISTA
(a) Fabricante ou vendedor de óculos
(b) Especialista que mede a acuidade visual
(c) Médico que trata e opera doenças dos olhos
(d) Médico que trata doenças dos ossos

3 OFTALMOLOGISTA
(a) Fabricante ou vendedor de óculos
(b) Especialista que mede a acuidade visual
(c) Médico que trata e opera doenças dos olhos
(d) Médico que trata doenças dos ossos

4 DERMATOLOGISTA
(a) Médico das articulações
(b) Médico dos ossos
(c) Médico da pele
(d) Médico dos pés

5 PSIQUIATRA
(a) Médico que estuda doenças humanas em geral
(b) Médico especialista em problemas mentais
(c) Alguém que estuda a mente e o comportamento humano
(d) Hipnotizador

6 PSICÓLOGO
(a) Médico que estuda doenças humanas em geral
(b) Médico especialista em problemas mentais
(c) Alguém que estuda a mente e o comportamento humano
(d) Hipnotizador

7 ORTOPEDISTA
(a) Médico dos ossos
(b) Médico feiticeiro
(c) Especialista em olho, nariz e garganta
(d) Especialista em envelhecimento

8 PODÓLOGO
(a) Médico que cuida de mulheres grávidas
(b) Médico que cuida de doenças de crianças
(c) Especialista em pequenos males dos pés
(d) Conselheiro nutricional

9 PEDIATRA
(a) Médico que cuida de mulheres grávidas
(b) Médico que cuida de doenças de crianças
(c) Especialista em pequenos males dos pés
(d) Conselheiro nutricional

10 OBSTETRA
(a) Médico que cuida de mulheres grávidas
(b) Médico que cuida de doenças de crianças
(c) Especialista em pequenos males dos pés
(d) Conselheiro nutricional

últimas palavras —
use a inteligência verbal para
desenvolver suas outras múltiplas inteligências

capítulo dez

'Conhecimento é poder só quando é bem organizado.'

Tony Buzan

No Capítulo 1, aprendemos que nossas Múltiplas Inteligências interagem em sinergia. Neste capítulo, vamos discutir brevemente como sua crescente Inteligência Verbal (que deve estar agora mais forte e mais poderosa do que nunca) se entrelaça com cinco dessas Múltiplas Inteligências, para o benefício de todas!

Q.I. verbal e inteligência criativa

A Inteligência Criativa envolve a capacidade de usar a imaginação, formar mentalmente quadros multissensoriais e fazer associações originais – e tudo isso bem depressa.

Dado o que você aprendeu lendo *O Poder da Inteligência Verbal*, as ligações entre essas duas inteligências são óbvias. Fortalecendo, assim, a Inteligência Verbal, você fortalecerá automaticamente a imaginação, a capacidade de fazer novas associações e de formar mentalmente quadros multissensoriais.

E vice-versa!

Portanto, *use a imaginação*! Ao conversar, escrever ou fazer algum tipo de apresentação, *pense* no que vai dizer e, mais especificamente, *imagine* o que vai dizer.

Por exemplo, ao falar de uma refeição, use a imaginação para inspirar suas palavras. Imagine cada molécula de gosto e cheiro; sinta com o paladar e o tato a textura e os sabores deliciosos do que está descrevendo; mergulhe nos aromas maravilhosos...

Com isso, o corpo se inflama com mais energia, dando à sua voz mais poder, variedade, intensidade e significado, e às palavras mais brilho, beleza e poder.

O humor também faz parte da criatividade – comediantes do mundo inteiro provaram que a mistura de imaginação, palavras e associações inesperadas cativa qualquer um. Da próxima vez que assistir a uma apresentação de um comediante, fique atento à Inteligência Verbal que ele demonstra – você vai ver que ela é extremamente alta, assim como sua Inteligência Criativa!

Imite-o!

Desenvolvendo a capacidade de imaginar e fazer associações engenhosas, você expandirá os parâmetros e o poder do seu Q.I. Verbal. E vai se divertir muito mais e fazer novos amigos.

Q.I. verbal e inteligência numérica

Estudo de Caso: Poder Verbal = Poder Numérico

Qual a relação entre matemática e linguagem? É uma relação significativa, de acordo com a pesquisa da Dra. Elizabeth Spelke e Sanna Tsibkin, do Massachusetts Institute of Technology, em Boston.

Elas estudaram oito adultos que falavam russo como língua materna, sendo também fluentes em inglês. Imitando o processo por que passa uma criança ao aprender matemática, as pesquisadoras ensinaram aos sujeitos aritmética detalhada e complexa, e também aproximações incomuns. Para verificar a relação entre linguagem e aprendizado de matemática, alguns exercícios foram ensinados apenas em inglês, outros apenas em russo. Para aumentar o peso da linguagem no experimento, as pesquisadoras não usaram algarismos para representar os números, mas escreveram seus nomes por extenso.

Os sujeitos receberam então a tarefa de resolver problemas matemáticos em ambas as línguas. Havia dois tipos de questões: cálculos exatos (75 + 89 = 163 ou 164?) e aproximações (151 + 95 é mais próximo de 240 ou 280?)

O resultado? Nos cálculos exatos, os sujeitos levaram um segundo a mais para chegar à resposta quando a pergunta não era feita na língua em que aprenderam matemática. Isso mostra uma relação direta entre linguagem e capacidade de aprender matemática.

Curiosamente, não houve muita diferença de tempo no caso das aproximações.

Como parte do mesmo estudo, Stanislas Deheene, do Institut National de la Santé et de la Récherche Médicale (INSERM), observou imagens do cérebro de pessoas enquanto estas faziam cálculos matemáticos.

Confirmando o estudo de Spelke e Tsibkin, Deheene observou que os cálculos exatos aumentavam a atividade de áreas relacionadas à linguagem do lóbulo frontal esquerdo do cérebro, enquanto as estimativas aumentavam a atividade nos lóbulos parietais direito e esquerdo. Essas regiões ajudam a controlar os movimentos das mãos e dos dedos e talvez estejam relacionadas à prática de contar nos dedos.

Inteligência Numérica é a capacidade de fazer malabarismos no *playground* dos números. Muitas vezes, pensa-se erradamente que essa inteligência não é apenas oposta, mas contrária à Inteligência Verbal. É comum ouvir dizer: 'Sou bom em matemática mas péssimo em línguas' ou 'Adoro inglês mas odeio matemática'. A verdade é que essas disciplinas são fortemente relacionadas e uma apóia a outra:

- As duas contêm alfabetos básicos reduzidos (letras/números)
- As duas combinam os elementos do seu alfabeto para formar grupos e subgrupos com significado (palavras/frases; conjuntos/equações)

- As duas são componentes básicos dos testes de Q.I.
- As duas estimulam o cérebro a fazer associações entre seus elementos
- As duas inspiram o cérebro a ser criativo
- As duas têm regras e normas para suas estruturas: 'gramática' numérica e sintática
- As duas são línguas naturais
- As duas ajudam o cérebro a refinar seus processos, a ver e pensar com mais clareza
- As duas são fortemente associadas ao sucesso na vida acadêmica e profissional.

As descobertas relatadas nesses estudos de caso contradizem o pressuposto comum de que se alguém é bom em matemática, será ruim em línguas e vice-versa. Ter uma Inteligência Verbal bem desenvolvida ajuda comprovadamente a melhorar a Inteligência Numérica.

Você pode usar sua Inteligência Numérica para estimular sua Inteligência Verbal de várias maneiras:

1. Faça jogos e quebra-cabeças que envolvam cálculos exatos. Divertidos e estimulantes, esses jogos aumentam a atividade das áreas do cérebro que são relacionadas à linguagem. Entretendo-se dessa forma, você vai exercitar constantemente as áreas físicas do cérebro que melhoram a Inteligência Verbal.
2. Brinque de descrever com palavras algumas expressões numéricas, como de tamanhos e distâncias. Experimente descrever com palavras as distâncias a seguir, usando bastante a imaginação para que as descrições sejam claramente diferentes umas das outras:

- um milímetro
- um centímetro
- um metro

- um quilômetro
- 100 quilômetros
- 1.000 quilômetros
- um milhão de quilômetros
- o número 6.000.000.000
- o número 1.000.000.000.000
- o infinito

Q.I. verbal e inteligência espacial

A Inteligência Espacial reflete a capacidade que o cérebro tem de perceber distâncias e relações no espaço tridimensional.

Você já foi apresentado à relação entre Inteligência Espacial e Inteligência Verbal – ao fazer Mapas Mentais® e ao dar informações às pessoas!

Use a Inteligência Espacial para incrementar seus Mapas Mentais®: use *espaçamentos* para indicar relações próximas ou distantes entre as palavras; use diferentes *tamanhos* para indicar grau de importância; use *dimensões* para dar ênfase; use *flechas* pelo espaço da página para indicar relações; use *perspectiva* para mostrar relações no espaço.

Use a Inteligência Espacial para melhorar suas informações Verbalmente Inteligentes. Imagine o mapa de um lugar que você conhece e imagine-se dando informações a alguém: explique detalhadamente como ir de A a B. Depois, ponha isso em prática em sua vida!

Q.I. verbal e inteligência social

A Inteligência Social se refere à capacidade de manter relações positivas em todos os níveis com outros seres humanos. As ligações entre Inteligência Verbal e Social são claras para qualquer um.

É interessante observar que Shakespeare, que tinha individualmente o maior vocabulário em inglês (25.000 palavras!), é também considerado o maior retratista dos píncaros (e profundidades!) da Inteligência Social.

Se você tiver interesse especial nesse vínculo sinergético e em sua aplicação ao seu próprio desenvolvimento, comece a estudar (com a ajuda de textos introdutórios) o mestre supremo dessas duas inteligências. Você será muito bem recompensado.

Q.I. verbal e inteligência física

A Inteligência Física envolve o conhecimento e o uso do corpo, a relação de cada uma de suas partes com todas as outras e especialmente sua boa forma: postura, aptidão aeróbica, flexibilidade, força, dieta e repouso. Ela está intimamente relacionada à Inteligência Verbal.

Se você tiver o corpo ereto e com boa postura, seu sistema vocal (o sistema que transporta as mensagens da Inteligência Verbal) estará fisicamente mais apto a realizar essa tarefa. A mensagem que suas palavras carregam será recebida mais prontamente se você estiver ereto e fisicamente equilibrado do que se estiver com o corpo caído e fora de equilíbrio. Uma excelente presença postural eleva imediatamente sua Inteligência Verbal.

Todo mundo sabe como é difícil falar de maneira entusiasmada e positiva quando se está estressado. E não é só: quanto mais apagada for sua maneira de falar, mais apagado e 'para baixo' você fica!

Fique ou permaneça saudável, especialmente no que diz respeito à capacidade aeróbica e à flexibilidade. Como no caso da postura, a boa forma aeróbica e a flexibilidade têm um impacto instantâneo sobre a Inteligência Verbal. Quanto mais em forma você estiver, mais energia terá e, com mais energia, suas palavras se tornarão mais eficazes e inesquecíveis.

treino verbal

Quebra-cabeça Número 19

1. enohgen	X X _ _ X _ _
2. boliaogi	_ X _ X _ X _ _
3. docite	X _ X X _ _
4. ciacinê	_ _ X _ _ X X

Pista: Verbal, Criativa, Espiritual, Social:

_ _ _ _ _ _ _ _ _ _ _ _ _

Dica de Inteligência Verbal

- Procure desembaralhar mentalmente as palavras embaralhadas.

Por quê?

Porque desembaralhá-las na cabeça é mais difícil do que no papel. Praticar da maneira mais difícil é um treino mais forte ainda para os músculos verbais. Para visualizar internamente, use todas as técnicas que aprendeu nos nove capítulos anteriores e aplique-as à sua tela interior. Com isso, você aumentará também o poder do cérebro, além de exercitar especificamente a capacidade de visualização e a Inteligência Criativa.

Quebra-cabeça Número 20

Qual das palavras completa a frase?
A nuvem está para a chuva assim como o relâmpago está para o ....

céu
escuro
trovão
raio
vento
sol

Estimulador do Poder Verbal Número 10

A Inteligência Verbal vai ajudá-lo a desenvolver a percepção que você tem dos outros, ampliando assim seu conhecimento de psicologia. As palavras deste exercício se referem a diferentes tipos de personalidade humana.

1 EFERVESCENTE
(a) deprimido e ensimesmado
(b) borbulhante de energia e entusiasmo
(c) falador e cheio de si
(d) introvertido e desanimado

2 EGOCÊNTRICO
(a) filantrópico
(b) inibido
(c) centrado em si mesmo
(d) sólido

3 EGOTISTA
(a) animado e satisfeito com a vida

(b) tímido, reticente, sempre com medo de errar
(c) que usa argumentos inflamados
(d) que tem exagerado sentimento do próprio eu

4 EXTROVERTIDO
(a) expansivo
(b) tímido, reticente
(c) inflamado
(d) animado

5 AMBIVERTIDO
(a) sinônimo de extrovertido
(b) tímido, reticente, sempre com medo de errar
(c) que usa argumentos inflamados
(d) que combina introversão e extroversão

6 GREGÁRIO
(a) introvertido e de poucas palavras
(b) que usa argumentos inflamados
(c) que gosta da companhia dos outros
(d) falador e satisfeito com a vida

7 QUIXOTESCO
(a) cavalheiresco e simpático
(b) não confiável
(c) idealista e pouco prático
(d) caipira e arredio

8 PESSIMISTA
(a) que só vê o lado ruim das coisas
(b) que só vê o lado bom das coisas
(c) sarcástico
(d) tedioso

9 ENTUSIASTA
(a) pessoa idealista mas pouco prática
(b) saturnino
(c) egocêntrico, personalista
(d) que se dedica vivamente ao que faz

10 OTIMISTA
(a) que só vê o lado ruim das coisas
(b) que só vê o lado bom das coisas
(c) sarcástico
(d) tedioso

Últimas palavras mesmo

Parabéns!

Você é agora membro da turma mundial de graduados de *O Poder da Inteligência Verbal*. Está terminando a sua primeira grande viagem para o Universo da Inteligência Verbal.

Ao longo desta viagem, você descobriu várias coisas e adquiriu outras tantas:

- a história e o desenvolvimento do Q.I. Verbal
- todas as técnicas 'secretas' do gênio do vocabulário, o bebê
- um fantástico 'Kit do Arquiteto Verbal', com raízes, prefixos e sufixos para construir melhorias infinitas no seu vocabulário
- compreensão do cérebro e do seu funcionamento, e de como usar o poder cerebral para aumentar o poder verbal
- conhecimento da incrível linguagem corporal do seu corpo incrível e de como melhorá-la
- conhecimento e destreza na mais importante das artes humanas: saber conversar e falar de maneira convincente
- capacidade de assimilar rapidamente qualquer coisa, de palavras a livros inteiros
- uma nova capacidade de se comunicar em múltiplos níveis
- conhecimento para usar suas outras inteligências, que têm o poder de manter e acelerar o crescimento do seu Q.I. Verbal.

Você está pronto para tomar o mundo de assalto!

Floreant Dendritae! (Que as células do seu cérebro floresçam!)
Tony Buzan

respostas dos quebra-cabeças

Quebra-cabeça Número 1

1. logomania
2. ampliar
3. tesouro
4. embalar

Resposta: malabarismo

Quebra-cabeça Número 2

aço

- m**aço**
- br**aço**
- palh**aço**
- calham**aço**
- inch**aço**
- estilh**aço**
- esfreg**aço**
- l**aço**
- abr**aço**
- terr**aço**

Quebra-cabeça Número 3

1. salada
2. realeza
3. doido

4. adjetivo
Resposta: risada

Quebra-cabeça Número 4

via
coto (**via**) tura = **cotovia** e **viatura**

Quebra-cabeça Número 5

1. zoologia
2. marcha
3. praticar
4. conectar

Resposta: holantropia

Quebra-cabeça Número 6

Saber

Quebra-cabeça Número 7

1. deputado
2. liberdade
3. resposta
4. kitsch

Resposta: Shakespeare

Quebra-cabeça Número 8

Filantropia

Quebra-cabeça Número 9

1. iate
2. novela
3. memorial
4. delicado

Resposta: Leonardo

Quebra-cabeça Número 10

- Nitrogênio
- Hélio
- Tigre
- Oxigênio

Tigre não pertence ao conjunto, já que as outras palavras são nomes de gases.

Quebra-cabeça Número 11

1. zebra
2. yin-yang
3. ostra
4. unido

Resposta: Tony Buzan

Quebra-cabeça Número 12

Cubo. Um globo é um círculo tridimensional; um cubo é um quadrado tridimensional.

Quebra-cabeça Número 13

1. evento

2. auditor
3. legal
4. quiabo
Resposta: eloqüente

Quebra-cabeça Número 14

Holantropia

Quebra-cabeça Número 15

1. fuleiro
2. viagem
3. mobiliar
4. fábrica
Resposta: vocabulário

Quebra-cabeça Número 16

Buraco

Quebra-cabeça Número 17

1. primeiro
2. direto
3. brasileiro
4. cebola
Resposta: Poder Cerebral

Quebra-cabeça Número 18

Dual

Quebra-cabeça Número 19

1. engenho
2. biologia
3. tecido
4. ciência

Resposta: inteligência

Quebra-cabeça Número 20

Trovão: as nuvens precedem a chuva; o relâmpago precede o trovão.

respostas dos estimuladores do poder verbal

Estimulador do Poder Verbal Número 1

1. (c) Fazer entrar; pôr para dentro (do latim '*introducere*')
   'Gostaria de introduzir algumas idéias novas nesta discussão.'

2. (b) Curvatura para dentro
   'Esse material precisa sofrer uma introflexão para oferecer mais estabilidade.'

3. (a) Que se mete onde não deve; abelhudo
   'Intrometediço que era, sabia da vida de todos os vizinhos.'

4. (a) Ato de entrar
   'Em biologia, introgressão adquiriu o sentido de transferência de informação genética de uma espécie para outra.'

5. (d) Incorporar valores de outrem
   'Tendo vivido no exterior desde criança, tinha introjetado outros costumes e agora se sentia um estranho.'

6. (c) Inserir; intercalar (do latim '*mittere*', 'enviar')
   'Intrometeu o bilhete entre as folhas do livro.'

7. (a) Observação da vida interior pela própria pessoa (do latim '*specere*' 'examinar')
   'Quando examino meus pensamentos, faço uma introspecção.'

8. (b) Tomar parte; imiscuir-se
   'Cansado de ouvir tantas bobagens, acabou se intrometendo na conversa.'

9. (a) Alguém que se volta para dentro (do latim '*vertere*', 'voltar, virar')
   'Era um introvertido, guardando para si mesmo o que sentia, evitando a companhia dos outros e sempre refletindo sobre a vida.'

10. (a) Ação de entrar onde não se tem direito (do latim '*intrusu')*
    'Ninguém tolerou sua intrusão nos negócios.'

Estimulador do Poder Verbal Número 2

1. (a) Relativo ao ensino; instrutivo (do grego '*didaskein*', 'ensinar')
   'Ela tinha uma maneira didática para explicar as coisas.'

2. (c) Furtivo ou secreto (do latim '*surripere*', 'roubar')
   'O jeito sub-reptício do outro começou a deixá-lo pouco à vontade.'

3. (d) Que professa doutrina contrária às da Igreja (do grego '*hairesis*', 'escolha')
   'Suas idéias heréticas levaram-no a um conflito direto com o padre da cidade.'

4. (b) Abundante; profuso (do latim '*copia*', 'fartura')
'Depois de um verão perfeito, com condições ideais para a agricultura, uma colheita abundante forneceu um copioso provimento de frutas, milho e legumes.'

5. (c) Categórico; urgente (do latim '*imperare*', 'comandar')
'É imperativo melhorar o sistema educacional para que a nação cresça economicamente.'

6. (b) Que não se pode apagar (do latim '*indelebile*')
'Tinha lembranças indeléveis do tempo que passaram juntos.'

7. (b) Que não tem preço; incalculável (do latim '*aestimare*', 'determinar, avaliar')
'Apesar das tentativas de atribuir um valor de mercado às obras de Leonardo da Vinci, seu valor é na verdade inestimável.'

8. (a) Que nunca se ouviu dizer; de que não há exemplo (do latim '*inauditu*')
'Na época, o sucesso dos Beatles era um fenômeno inaudito.'

9. (b) Em que não há ambigüidade (do latim '*equi*', 'igualmente' e '*vocare*', 'chamar')
'Suas palavras foram inequívocas, varrendo qualquer dúvida que ainda houvesse na mente das pessoas.'

10. (a) Claro, explícito, positivo (do grego '*kategorein*', 'asseverar')
'O depoimento dela foi categórico, sem rodeios nem hesitações.'

Estimulador do Poder Verbal Número 3

1. (d) Destemido (do latim '*in*', 'não' e '*trepidus*', 'temeroso')
'Os intrépidos exploradores enfrentaram todos os obstáculos e atingiram o objetivo da missão.'

2. (b) Indestrutível (do latim '*inexpugnabile*')
'A fortaleza foi construída para resistir a qualquer ataque: era inexpugnável.'

3. (c) Que não se pode mudar (do latim '*in*', 'não' e '*alter*', outro)
'Suas idéias sobre o ambiente lhe estavam tão entranhadas na alma que eram inalteráveis.'

4. (d) Que está acima de tudo (do latim '*supremu*')
'Ela disse que sua família era sua principal razão de viver, que era de suprema importância para ela.'

5. (b) Exigente; severo (do latim '*rigorosu*')
'Para ganhar cinco medalhas de ouro consecutivas nas Olimpíadas, *Sir* Steve Redgrave teve o treinamento mais rigoroso que se possa imaginar.'

6. (d) Acabado, perfeito (do latim '*consummare*')
'Graças à preparação cuidadosa, a excursão cultural foi um consumado sucesso.'

7. (c) O ponto culminante (do grego '*klímax*', 'escada')
'O clímax de sua carreira foi ganhar o Prêmio Nobel da Paz.'

8. (a) O mais sagrado; inviolável (do latim '*sacru*', 'sagrado', e '*sanctus*' / '*sancire*', 'consagrar')
'Não permitia que ninguém entrasse no estúdio que, para ele, era um espaço sacrossanto.'

9. (c) Que não merece censura; perfeito
'Embora Bill Clinton tenha escapado do *impeachment*, seu caráter não é inatacável.'

10. (b) Instrumento de sopro
'O incidente foi como um toque de clarim chamando todos à ação imediata.'

Estimulador do Poder Verbal Número 4

1. (a) Que crê na não-existência de Deus (do grego '*a*', 'não' e '*theos*', Deus)
'Por definição, nenhum ateu acredita na existência de Deus!'

2. (b) Que não tem certeza a respeito de Deus (do grego '*a*', 'não' e '*gnostos*', 'conhecido')
'Os agnósticos admitem que não têm conhecimento suficiente para afirmar se Deus existe ou não: para eles, os ateístas são dogmáticos demais.'

3. (c) Generoso; que tem amor ao próximo (do latim '*alter*', outro)
'Ela era muito altruísta, contribuindo para várias causas beneficentes.'

4. (d) Que tem apreço excessivo pelo próprio bem (do latim '*ego*', 'eu')
'Os egoístas se dão bem com os altruístas? Geralmente não, já que são opostos.'

5. (b) Alguém dado aos prazeres da mesa (de Epicuro, filósofo grego, que via no prazer o bem soberano)
'Ao usar o exemplo de um jantar delicioso, o epicurista foi tão eloqüente que deixou os presentes com água na boca.'

6. (d) Que crê na irrevogabilidade do destino (do latim '*fatum*', 'predição')
'Incapaz de suportar o sofrimento causado pelo que lhe aconteceu, ele se tornou um fatalista, acreditando que o Universo tinha predeterminado os acontecimentos de sua vida.'

7. (a) Que defende a liberdade individual (do latim '*liber*', livre)
'Sou um liberal. Defendo a liberdade de pensamento e a experimentação na política.'

8. (c) Que acredita nas tradições familiares (do latim '*conservare*', 'preservar')
'O conservador deseja manter o *status quo* e, nesse ponto, se opõe ao liberal.'

9. (b) Impassível ante a dor e a adversidade (do grego '*stoikos*', 'pórtico'; o filósofo grego Zenão, fundador da filosofia estóica, ensinava no *Stoa Poikile*, ou 'pórtico pintado', em Atenas)
'O estóico suportou os espinhos do destino ultrajante sem vacilar.'

10. (c) Que ama exageradamente o próprio país (do aristocrata francês Nicolas Chauvin de Rochefort, que era totalmente devotado a Napoleão e à França, e foi ridicularizado nos palcos franceses)
'Suas constantes declarações de que o seu era o único país digno de louvores valeram-lhe a fama de chauvinista.'

Estimulador do Poder Verbal Número 5

1. (d) Dar vida
'Nossos jogadores estão muito indiferentes – é preciso animá-los.'

2. (c) Proveniente de acordo comum
'Seu desempenho na luta foi tão superior ao do oponente que a decisão dos juízes foi unânime.'

3. (a) Generoso e clemente
'O vencedor mostrou grande generosidade: foi magnânimo em seu apoio aos que tinha acabado de vencer.'

4. (d) Calma; serenidade (do latim '*aequus*', 'igual' e '*anima*')
   'Apesar da atividade frenética à sua volta, ele tinha uma aura de total equanimidade.'

5. (c) Repreensão severa (do latim '*animus*' e '*advertere*')
   'A animadversão teve tal impacto que os soldados mudaram de comportamento.'

6. (b) Pessoa importante, poderosa
   'Os magnatas, todos os CEOs da indústria do aço, se reuniram para discutir uma saída para a crise.'

7. (a) Que usa linguagem floreada; eloqüente
   'Era um orador magníloquo, enfeitando o discurso liberalmente com símiles e metáforas.'

8. (b) Grandiosidade; suntuosidade
   'A magnificência do novo palácio ofuscou seus sentidos.'

9. (d) Obra de arte muito importante
   'O *Requiem*, de Verdi, é considerado seu *Magnum Opus*.'

10. (d) Que engrandece, glorificador
   'Todos conheciam sua admiração pela obra do mestre, mas ninguém esperava um tal discurso magnificatório.'

Estimulador do Poder Verbal Número 6

1. (c) Frase estereotipada
   'Seu discurso estava crivado de expressões que todo mundo já tinha ouvido antes: estava cheio de clichês."

2. (b) Comparação de coisas semelhantes
'Quando disse que o rugido do oceano era como o rugido de um leão, ele estava usando um símile.'

3. (c) Que se pode tomar em mais de um sentido (do latim '*ambi*', 'ambos' e '*agere*', 'conduzir')
'Seu discurso foi totalmente ambíguo e deixou todo mundo confuso.'

4. (b) Expressão mais branda no lugar de uma mais direta (do grego '*euphemizein*', 'usar palavras auspiciosas', termo derivado de '*eu*', bom e '*pheme*', 'discurso')
'Em vez de chamá-lo de 'gordo', ela recorreu a um eufemismo, chamando-o de 'cheinho'.

5. (a) Conclusão que não se segue aos fatos (a frase latina significa 'não se segue')
'Ele queria provar que a abordagem dela era ineficaz, mas os argumentos que usou não convenceram: foi uma intervenção cheia de *non sequiturs*.'

6. (b) Repetição desnecessária (do latim '*redundans*', 'transbordante')
'Dizer que alguma coisa é 'pequena, diminuta, minúscula, microscópica e mínima' é um exemplo perfeito de redundância, mais apropriado como verbete do *Tesauro de Roget*.'

7. (c) Dito mordaz e picante (do grego '*epigraphein*', 'escrever sobre')
'O discurso dela foi cheio de comentários mordazes: um epigrama depois do outro.'

8. (c) Palavra cujo som imita o da coisa significada (do grego '*onoma*', 'nome' e '*poiein*', 'fazer')

‘As palavras ‘chiado’, ‘reco-reco’ e ‘tique-taque’ são bons exemplos de onomatopéia.’

9. (a) Gracejo, zombaria (do espanhol ‘*gallofa*’)
   ‘O cavalheiro procurava chamar a atenção das moças contando galhofas.’

10. (b) Tropo que transporta o sentido de um termo para outro (do grego ‘*meta*’, ‘entre’ e ‘*pherein*’, ‘levar’)
    ‘Ele achou que ‘raposa’ era uma boa metáfora para o astuto técnico do time.’

Estimulador do Poder Verbal Número 7

1. (c) Capacidade de se expressar com facilidade
   ‘Altos vôos de imaginação e uma dicção perfeita – seu discurso era a eloqüência personificada.’

2. (d) Maneira de se expressar; estilo
   ‘As aulas de elocução do Professor Higgins para Eliza Doolittle foram tão eficazes que as pessoas a tomavam por uma aristocrata.’

3. (b) Falador, verboso
   ‘Além de loquaz, ela era totalmente voltada para si mesma, falando sem parar e sem dar atenção aos outros.’

4. (c) Fala de alguém consigo mesmo (do latim ‘*solus*’, ‘sozinho’ e ‘*loqui*’)
   ‘O solilóquio é um dos principais recursos usados por Shakespeare para que os seus personagens revelem seus pensamentos para o público.’

5. (b) Discurso que ladeia o assunto sem ir direto a ele (do latim ‘*circa*’, em volta e ‘*loqui*’)

‘Seu circunlóquio divertiu os que já sabiam que ele levava uma eternidade para chegar à questão.’

6. (d) Conversa entre duas ou mais pessoas (do latim ‘*inter*’, ‘entre’ e ‘*loqui*’)
   ‘Eles tiveram uma intensa e impetuosa interlocução.’

7. (b) Que usa linguagem elevada, pomposa
   ‘Quem esperava um discurso tímido e breve se surpreendeu, já que o estilo dela chega a ser grandiloqüente.’

8. (a) Mulher que participa de uma conversa
   ‘Das muitas mulheres inteligentes do grupo, ela foi a principal interlocutora.’

9. (d) Modo de falar; linguagem
   ‘Sua locução se caracterizou pelo humor delicado e pelo extenso vocabulário.’

10. (c) Dizer, articular, expressar
    ‘Ela se viu coagida a locucionar em público o que sentia àquele respeito.’

Estimulador do Poder Verbal Número 8

1. (a) Amor à humanidade (do grego ‘*philein*’, amar e ‘*anthropos*’, ser humano)
   ‘Ele achava os seres humanos tão fascinantes que resolveu fazer um curso avançado sobre filantropia.’

2. (c) Crença numa única divindade suprema (do grego ‘*monos*’, ‘um’ e ‘*theos*’, ‘Deus’)
   ‘O Cristianismo prega a existência de um único Deus sendo, portanto, um exemplo de monoteísmo.’

3. (b) Ódio à humanidade (do grego '*misein*', 'odiar' e '*anthropos*', 'ser humano')
'Em seus raros momentos de mau humor, o filantropo era tomado por fugazes idéias de misantropia.'

4. (c) Estudo da língua (do grego '*philos*', 'amor' e '*logos*', 'palavra, conhecimento')
'Ao ler *O Poder da Inteligência Verbal*, você está se dedicando à filologia.'

5. (a) Estudo do ser humano em sua totalidade (do grego '*holos*', 'todo' e '*anthropos*', 'ser humano')
'Em vez de estudar cada aspecto do ser humano em separado, ela decidiu estudar holantropia.'

6. (b) Estado de quem é casado com uma só pessoa (do grego '*monos*', 'um' e '*gamos*', 'casamento')
'Nas sociedades modernas, a monogamia é a forma de casamento mais usada.'

7. (c) Que tem duas pontas (do latim '*bi*', 'duas vezes' e '*cuspis*', 'ponta')
'Os dentes bicúspides são usados mais para segurar do que para mastigar.'

8. (b) Estudo do homem e dos grupos humanos
'Com o crescente conhecimento das diferentes tribos e raças que habitam a Terra, a antropologia cresceu em fascínio e estatura.'

9. (c) Colecionador de caixas de fósforos (do grego '*philos*', 'amor' e do latim '*lumen*', 'luz')
'Quando viajava, guardava caixas de fósforos como lembrança dos lugares que visitava – com o tempo, tornou-se um filoluminista.'

10. (d) Alguém que fala muitas línguas (do grego '*polus*', 'muito' e '*glotta*', língua)
'A combinação das viagens constantes e do fascínio por culturas diferentes logo o transformou num poliglota.'

Estimulador do Poder Verbal Número 9

1. (a) Fabricante ou vendedor de óculos (do latim '*oculu*')
'Além de fabricar e vender óculos, o oculista resolveu vender também binóculos e telescópios.'

2. (b) Especialista que mede a acuidade visual
'Cada vez mais fascinado com o olho humano, o oculista resolveu voltar a estudar para se qualificar como optometrista.'

3. (c) Médico que trata e opera doenças dos olhos (do grego '*opthalmos*', 'olho')
'O oculista que tinha se tornado optometrista resolveu ir mais além e estudar para ser oftalmologista.'

4. (c) Médico da pele (do grego '*derma*', 'pele')
'O dermatologista é especializado no maior órgão do corpo humano.'

5. (b) Médico especialista em problemas mentais (do grego '*psykhikos*', 'sopro, vida, alma')
'Ela estava sob um incrível stress mental, o que provocou uma pletora de problemas emocionais. Por fim, achou melhor procurar um psiquiatra para ajudá-la a atravessar aquele difícil estágio da vida.'

6. (c) Alguém que estuda a mente e o comportamento humano
'Ainda criança, era fascinada pelo comportamento e atitudes mentais dela mesma e de outras pessoas. Por isso, todos acharam natural que se tornasse psicóloga.'

7. (a) Médico dos ossos (do grego '*osteon*', 'osso')
   'Depois de treinar de mau humor e com o pé doendo, ele acabou com a coluna fora de alinhamento. Felizmente, caiu nas mãos de um ortopedista muito capaz.'

8. (c) Especialista em pequenos males dos pés (do grego '*pous*', 'pé')
   'Com muita dor no dedão, decidiu ir a um podólogo.'

9. (b) Médico que cuida de doenças de crianças (do grego '*pais*', 'criança')
   'Confundindo a placa do podólogo com a do pediatra, a mãe entrou com o filho na clínica errada.'

10. (a) Médico que cuida de mulheres grávidas (do latim '*obstare*', 'estar presente')
    'Logo que ficou grávida, resolveu procurar o melhor obstetra que lhe indicaram.'

Estimulador do Poder Verbal Número 10

1. (b) Borbulhante de energia e entusiasmo (do latim '*effervescere*', 'ferver')
   'Sua personalidade efervescente fazia dela a alma da festa.'

2. (c) Centrado em si mesmo (do latim '*ego*', 'eu')
   'Ele falava referindo tudo a si mesmo, como se ele fosse o centro das atenções: era terrivelmente egocêntrico.'

3. (d) Que tem exagerado sentimento do próprio eu (do latim '*ego*', 'eu')
   'Mais egotista do que nunca, chegou se vangloriando do que tinha feito.'

4. (a) Expansivo (do latim 'extra', 'fora' e '*vertere*', 'virar')
   'Ele fazia amigos com uma facilidade incrível, graças a seus múltiplos interesses e ao jeito extrovertido.'

5. (d) Que combina introversão e extroversão (do latim '*ambi*', 'ambos')
'Não era nem introvertido nem extrovertido: era um exemplo perfeito e equilibrado de ambiversão.'

6. (c) Que gosta da companhia dos outros (do latim '*grex*', 'rebanho')
'Ela era especialmente gregária, buscando sempre a companhia dos outros.'

7. (c) Idealista e pouco prático (de *Dom Quixote*, romance de Cervantes)
'Ele foi uma pessoa quixotesca, sempre atrás de metas inatingíveis.'

8. (a) Que só vê o lado ruim das coisas (do latim '*pessimus*', 'o pior')
'Por melhores que fossem as expectativas, o pessimista via sempre uma nuvem negra na frente do sol.'

9. (d) Que se dedica vivamente ao que faz (do grego '*entheos*', 'inspirado')
'Entusiasta que sempre foi, ela animava todo mundo nas reuniões.'

10. (b) Que só vê o lado bom das coisas (do latim '*optimus*')
'O otimista tem uma visão positiva do futuro, vendo sempre o sol por trás das nuvens mais negras.'

Se quiser saber mais sobre Inteligência Verbal e participar de jogos, brincadeiras e discussões a respeito dos assuntos discutidos aqui, você pode visitar nosso site

www.buzancentres.com

ou entrar em contato com o Buzan Centre:

Buzan Centres Ltd
54 Parkstone Road
Poole, Dorset BH15 2PG
Tel. e Fax: +44 (0) 120 267 4676

Buzan Centers Inc. (Americas)
PO Box 4
Palm Beach
FL 33480
Tel: +1 561 881 0188

Ou enviar um e-mail: buzan@buzancentres.com